GOBOOKS
& SITAK
GROUP ©

財富的底層邏輯

六條經典法則，挖掘致富本質

周路平——著

高寶書版集團

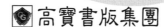

目　錄
Contents

第一章　和財富息息相關的那些事

一、財富的本質　008
二、財富是流動的能量　015
三、財富促進社會發展　024
四、財富自由的真相　032

第二章　升維到經濟學看世界

一、懂一點經濟學的重要性　040
二、我與經濟全球化之間的關係　049
三、為什麼薪水漲了還是不寬裕？　056
四、經濟學中財富運行的祕密規則　065

第三章　走出思維的盲點

一、富人思維與窮人思維　074
二、實現財富自由不能只看「錢」　083
三、勤勞但不一定富有　091
四、選擇比努力更重要　099

第四章　創造財富經典六條法則

一、優秀的品格是成功的基石　108
二、吸引力法則：凡事向內求　117
三、專注熱愛的事情會帶來財富　125
四、控制情緒就是控制財富　133
五、複利法則，積累財富　142
六、腦力致富，管理財富是一種能力　151

目　錄
Contents

第五章　獲取財富的智慧

一、致富的底層邏輯　162
二、財富是怎樣產生的　170
三、後疫情時代的資產管理　178
四、節流守財，開源賺錢　187

第六章　和財富焦慮說No

一、你為什麼想要擁有很多錢　196
二、成為百萬富翁對你來說意味著什麼　203
三、擺脫原生家庭財富模式　211
四、精神內耗影響你的賺錢速度　220
五、跟內捲和無效競爭說拜拜　228

第七章　財富是幸福的管道

一、富裕是一種責任 238
二、給得越多，回流越多 245
三、運用好財富的價值，實現人生幸福 253
四、讓財富世代相傳 261

第一章

和財富息息相關的那些事

一、財富的本質

我們從小接受的財富教育就是知足常樂、切勿貪婪。不能說這種財富教育觀念不對，但我們必須要學會辯證看待。畢竟與幾千年前的封建社會相比，即將邁入的數字時代無論是政治制度還是經濟體制，都有了天翻地覆的變化。

正所謂因時制宜，一個時代一種思維方式，新的時代也需要新的認知和新的財富思維。那麼，在閱讀本書掌握新時代財富的底層邏輯之前，我們先來解答第一個問題，也就是財富到底是什麼？只有知其然，知其所以然，才能實現財富自由。

金錢不等於財富

什麼是貨幣？

貨幣（Currency），是為了提高交易效率而用於交換的仲介商品。在普通人眼中，貨幣就是金錢，金錢也就是貨幣，所以金銀、銅錢、紙幣、電子錢、虛擬貨幣都是金錢。但實際上呢，貨幣並不僅限於金錢，它可以是世界上公認的任何有價值的東西。

換句話說，貨幣之所以有價值，是因為我們覺得它有價值。它的價值，是由社會中的人類所賦予的，是透過它所能交換的物品來驗證的。從史前文明的以物換物，到古代的金屬貨幣、近代的紙鈔，再到現代的電子錢幣、虛擬貨幣，追根溯源，我們從貨幣的演變史中便可以看出，貨幣本身並沒有價值，其價值本質來源於它背後的購買力——即商品。

什麼是財富？

從經濟學的角度來定義，指的是商品按照市場價值計算後的所得，這也是比較狹義的一種定義。而如果從廣義範圍來解釋，財富指一切具有價值的東西。它除了貨幣所代表的物質財富外，還涵蓋了自然財富、精神財富、社會財富等多個維度，比如我們此時正在討論的財富邏輯，其實就屬於精神財富。

貨幣與財富

如果你認為貨幣是財富，便會像大多數人一樣陷入誤解，馬不停蹄地賺錢。而實際上，雖然貨幣能購買市場上的所有商品，但一旦市場崩潰沒有了商品，貨幣就立刻失去了價值，但財富卻並不會。

舉個例子，第一次世界大戰後，德國因戰敗需要向協約國支付大量賠款，使得本就因戰爭不富裕的國家，陷入了更大的經濟危機，通貨膨脹一觸即發。一九二三年，在柏林買一個麵包需要一萬億馬克，形成了「錢不值錢」的局面。當時正值冬天，德國人民也不花錢買柴了，直接燒錢，成堆成堆的馬克被扔進火爐裡，甚至連德國的小孩，也不花錢買玩具了，而是用馬克搭積木玩。

如果貨幣等於財富，那在這種情況下的德國，貨幣這麼多不就代表財富越多嗎？但我們都知道，並不是那麼一回事。在當時的德國，貨幣保持不變，但市場上能買到的商品卻越來越少。由於商品稀缺，德國人寧可將手中的馬克換成與面額並不匹配的商品，也不願意留著貶值越來越快的貨幣本身。

想像一下，你現在手裡有一億元，但被困在杳無人煙的沙漠中，這樣你應該很容易理解貨幣不等於財富的概念了。此時此刻，食物和水才是你的財富，而一億元連廢紙都不是。

總結來說，貨幣本身沒有價值，有價值的其實是貨幣背後的商品，貨幣也不等於財富。

追求財富，而不是金錢

搞清楚貨幣和財富的關係後，我們再來看什麼是財富。

馬克思說，勞動創造財富。對於窮人來說，是透過出賣自己的時間和勞動力來獲取財富；而富人則是依靠財富獲取財富。隨便舉幾個例子，投資理財帶來的錢生錢，實現物質財富積累；持續學習帶來的認知變現，實現精神財富積累，透過前兩者疊加後形成的社會財富積累，人脈便是最典型的一種。

對於財富，很多人都有不同的定義。在我的概念裡，財富意味著資源。財富的本質，便是對有限資源的掌控。這種資源包含：金錢、商品、教育、美貌、健康、自由等等。

我去年讀了這本《出身：不平等的選拔與精英的自我複製》（*Pedigree: How Elite Students Get Elite Jobs*），討論的是美國富人階層如何透過教育讓孩子傳承自己的財富。美國富人育兒和亞洲父母不相上下，都是「直升機式育兒」，即給孩子最好的一切：

最好的補習班、最好的教育，最終得以進入最好的大學，成為萬裡挑一的社會精英。

教育其實是體現「財富就是對資源的掌控」的最好案例。所謂的名校，本身就是資源的一種集合。如果你上哈佛大學，你的畢業典禮會有祖克伯格演講；如果你上常春藤名校，歐巴馬會去學校開分享講座。這些資源並沒有明確的價格，但卻有一道隱形的門檻，將富人與窮人隔開，這道門檻便是財富。

大家還記得谷愛凌嗎？谷愛凌從小住在美國，假期在中國海淀黃莊參加補習班，讀的是美國私校，學習的是上流階級的滑雪運動，最終被美國史丹佛大學錄取。谷愛凌有天賦固然厲害，但父母有這樣的眼界也不容易，這便是天賦與財富的最佳結合。

克里斯．洛克說：「財富從來不是有很多錢，而是有很多選擇。」當你擁有財富時，你便掌握了資源；當你掌握了資源，你便可以隨心選擇。假如你喜歡寫作，能很快學習到關於寫作的知識，也能聯繫到行業內最好的編輯和出版社，代表你能把作品推向市場。

從日常生活來看，一個窮人和一個富人都想吃水果，窮人只有十塊錢，只能選擇一次，選了香蕉就不能買蘋果和葡萄；但富人，他有很多錢，可以選擇很多次，如果買了香蕉發現不喜歡，還可以再買蘋果和葡萄，再不行把水果店都買下也可以。

我們還可以看看著名的企業家，比如比爾．蓋茲，他多有錢就不必多說了，但他直到今天也仍然在非常努力、勤奮地工作，為什麼？原因當然我無法向他本人確認，但我能確定的是，富有的比爾．蓋茲和貧窮的比爾．蓋茲即使做同一份工作，他的心態也是完全不同的。前幾年很流行一個詞，叫「FUCK YOU MONEY」，可以理解為任性裸辭的自由。我們看似都在兢兢業業地工作，但比爾．蓋茲可以想甩人就甩人，我們卻不行。哪怕工作壓榨我們千千萬萬遍，我們仍然甘之如飴。而這其中的區別便在於財富。

比爾．蓋茲現在還在工作，是因為他想工作。他已經擁有足夠的錢和時間，能在他喜歡的時間做他喜歡做的事情。因為他擁有財富，而不是金錢。像比爾．蓋茲這樣的富人還有很多，例如二〇一八年五月十日，九十歲的李嘉誠宣佈退休，但他也表示退休後會繼續上班，只是工作內容有所調整。

從表面上看，窮人和富人都在吃水果，你和比爾．蓋茲都在上班，但選擇時的狀態是完全不一樣的。窮人孤注一擲，生怕選錯；而富人則閒庭信步，隨意挑選。

所以，財富是對有限資源的掌控。掌控的資源越多，擁有的選擇也會越多，我們也會越自由，有時間、有精力、有膽量去做自己熱愛的事情。

既然知道了財富是什麼，那我們便要思考自己追求的到底是金錢還是財富了。快速賺錢的方法有很多，勤勉、善思，總會踩中時代的某項紅利。但擁有財富卻沒有那麼容易，它最難的在於掌握財富的底層邏輯。當然了，一旦你掌握了財富的邏輯與思維，收穫金錢是水到渠成的事情，同時，你也會擁有一套新的看待這個世界的思維邏輯。

在這個消費主義當道的時代，很多人都這樣想過：「錢這個東西，只有花出去的才是自己的，不花出去的，就只是個數字，沒有任何價值。」所以稍微賺點錢，第一反應就是瘋狂消費。這便是對財富的認知出現了錯誤。

而對於絕大多數人來說，擁有的資源無非是自己（腦力、體力），好不容易賺來的錢則是透過資源交換來的。要想實現財富自由，便要提升自己的資源價值。在資訊社會，腦力的稀缺遠大於體力，所以提升認知，才是追逐財富最高效的方式。

這也是這本《財富的底層邏輯》的價值與意義所在，讓普通人打破對於財富的懵懂與誤解，建立真正的財富認知，朝著自己的財富自由勇敢邁進！

最後，古言說「良田千頃不過一日三餐，廣廈萬間只睡臥榻三尺」，實際上沒有一個富人因為「賺到了足夠的錢」就停下追逐財富的腳步。因為金錢不等於財富，除了一日三餐、臥榻三尺，我們還需要更多金錢買不到，只有透過財富才可以獲得的東西。

二、財富是流動的能量

在開始本節之前，先問問自己這幾個問題：

只要努力就能賺到錢？

有錢人都是邪惡的？

男人有錢就會變壞，女人變壞就會有錢？

比起自己花錢，給別人花錢似乎更容易？

借錢是一件羞恥的事情？

對別人開口要錢也是一件羞恥的事情？

我這種人怎麼會賺到錢？

嘴裡說著想暴富，但其實從來不相信自己能賺到錢？

我不配擁有那麼多錢？

……

認真思考以上這些問題，一定要在心中誠實地回答自己。人可以騙所有人，但唯獨不能、也沒有必要騙自己。誠實地面對自己對於金錢的真實看法，是走向財富的第一步。

前一陣子，在年輕人的朋友圈裡刮起了一陣「金錢豹」風，換頭像、換暱稱、換個性簽名，都希望自己能「金錢爆滿」、「金錢暴富」。而像這樣的「暴富文化」每隔一段時間便會重新興起一次——「你可以騙我的人，但你不可以騙我的錢」。在津津有味地討論這些流行詞時，你是否又曾深入思考過，這些文化代表著什麼？難道就代表著這代年輕人的眼裡只有錢嗎？

當人們討論財富的時候，到底在討論什麼？

當人們期待財富的時候，到底在期待什麼？

當人們追逐財富的時候，又到底會收穫什麼？

有天賦、有才華就一定會擁有財富嗎？勤上進、能吃苦，就一定會吸引金錢嗎？未必。這些是擁有財富的充分條件，卻不是必要條件。這些外在的因素會影響你是否擁有財富，但卻不會決定你是一個窮人還是一個富人。真正做決定的關鍵因數，在於你對金錢的能量。

天才愛因斯坦曾說：「世間萬物，皆是能量。」說實話，金錢也不例外。能量一詞放在金錢世界裡，似乎有幾分玄乎，像是摸著水晶球在施展魔法，但實際上，它只是一種形象的說法。換個角度來說，所謂你對金錢的能量，也就是你內心對於金錢、對於財富的限制性信念，即真實想法。

你可能想，這個作者是不是在胡說八道，你對金錢的真實想法就一個，就是越多越好。但真的未必如此，所謂真實想法，就是你的潛意識想法，你此刻未知的想法。

舉個例子，小時候一個男生越喜歡一個女生就越想欺負她。雖然大人能一眼看明白他喜歡她，但在小男孩看來，他的真實想法就是想欺負這個女孩、就是不喜歡她。他真實的喜歡的想法，會因為周圍朋友的嘲笑、或者是彆扭的性格隱藏起來了。

將這個例子遷移到金錢世界中，也是一樣的道理。你以為你「愛錢如命」，但其實你和那個小男孩一樣，潛意識裡反而「視錢如糞土」。不過不要著急，本節的核心，就是幫助你探索你對金錢的真實想法。

前幾年很流行「原生家庭」的說法，性格的養成、對戀人的態度都與小時候與父母的關係有關，靠著這個概念很多心理類的公眾號寫了一篇又一篇的「十萬＋」爆文。但我倒是很少看到有人將金錢觀念與原生家庭聯繫起來，難道一個人對於金錢的態度與父母沒有關係嗎？

從我身邊的朋友來看，如果父母是做生意的，孩子對金錢就會格外敏感，也會較早開始自己的財富規劃，投資基金、炒股等概率也比較高；而如果父母是公務員、老師、農民，孩子相應對錢的概念也比較弱，會認為「錢嘛，夠花就行」，很少會對錢本身產生興趣。

前幾天就有個朋友來跟我諮詢：「我覺得最近毫無動力，和別人合作的創業項目遇到挫折，想賺錢卻提不起勁。我覺得我也不比別人差啊，但總是做不出成績，是不是我命中缺財啊？跟錢沒有緣分？」

我當時聽完哈哈大笑，後來跟他聊了一番後，很快就發現了問題所在。我這位朋友在他六歲時，有一次和朋友在一起玩，看到了一個賣雪糕的老爺爺。小夥伴們都掏出零錢來買，他也買了，但回家後爸爸知道了，把他臭罵了一頓，說他亂買東西。還有一次，是在他十歲時，媽媽下班回來晚了，他很餓就從抽屜裡拿了幾塊錢去買零食。媽媽回來發現錢不對，問是不是他拿走的，他不敢承認，便被父母打了一頓。從那以後，他對錢產生了又愛又恨的情感——愛它是需要它，恨它則是害怕，害怕自己又花錯了錢、買錯了東西，被人責罵。

你現在回憶自己小時候的經歷，是不是也和我這位朋友一樣，曾經因為亂花錢被父母教訓過？

潛意識藏在人內心最深層，除非我們主動去挖掘、去剖析，否則我們將會一直被不明不白地控制、主宰。每一種潛意識的出現也都是有原因的，有時候是原生家庭，來源於父母；有時候是所受的教育，來源於學校；有時候則是社會文化，來源於朋友……然而不管這些原因是什麼，當時形成的那個觀念，已經不適應你現在的生活了。你要做的，就是挖掘這些原因，一一解決掉。在這個過程中，切記這些潛意識沒有對與錯，千萬不要去評判自己。

《有錢人和你想的不一樣》的作者哈福．艾克曾說過這麼一句話：「我們看得見的東西，來自我們看不見的東西。那是什麼意思呢？意思是，如果你想改變果實，你首先必須改變它的根；如果你想改變看得見的東西，你必須先改變看不見的東西。」

所以，要想實現財富自由，首先搞清楚你對金錢的真實想法。

兩個常見的金錢誤解

第一，金錢是萬惡之源

在我們的傳統文化中，經常會出現「君子固窮」、「一簞食，一瓢飲，在陋巷，人不堪其憂，回也不改其樂。賢哉回也！」的說法，似乎要當一個坦坦蕩蕩的君子，你就不能有太多錢。

想擁有財富，想賺錢，不想當窮人，首先就要擺脫這個觀念。金錢本身無罪，對金錢的無盡貪欲才是萬惡之源。

金錢沒有好壞，它只是一股在宇宙間流動和震盪著的能量。你可以用它救濟天下，你也可以利用它滿足欲望，這些取決於你，並不取決於金錢。我在參加一次財富論壇時，有個教授說，大部分人在對待金錢的態度上，要麼唯利是圖、錙銖必較；要麼故作清高、清貧度日，很少有人能與金錢和諧相處，讓金錢成為自己的工具，而不是自己的主人。

從論壇回來後，我對這些話思考了很久。我身邊的朋友大多不外乎那兩類，很少有人能站在中間，不為富所累，也不為窮所困。但很少有人能做到，並不代表人做不到。在閱讀本書的各位，我覺得努努力是可以做到的。

請記得，財富只是價值的變現。你創造的價值越大，就會賺更多錢，這些錢從而會逐漸形成你的財富。你可以試著把金錢想成一個人，一個有生命的人。這個人和我們一樣，喜歡與尊重它、喜愛它的人在一起。如果你不尊重它，甚至輕視它、蔑視它，那它也不需要留在你的身邊。

第二，我不可能（不配）擁有很多錢

在心理學上有一個概念，叫作「配得感」，英文是deserving-ness。什麼意思呢，就是一個人是否相信自己應該得到某種東西。

簡單解釋，你是不是在聽到別人誇你的時候，特別不好意思，甚至渾身不自在，覺得自己明明這麼菜，對方肯定是出於虛假的社交禮儀才誇自己的，這就是由「配得感」所得來的「不配得感」。

「我這麼普通，怎麼可能是女神？」、「我這麼笨，怎麼可能很優秀？」、「我這樣的人，怎麼可能晉升？怎麼可能成功？怎麼可能賺到錢？」你一定在某時某刻產生過這樣的想法吧！

心理學上在解釋「不配得感」時，最經常的解釋便是「低自尊」、「自卑」等等。這樣解釋當然沒什麼問題，但我覺得可以從另外一個角度來看這件事情。只要是人，就一定會自卑，只要自卑，就會有低自尊的時刻，但並不是每個人都有「不配得感」，這說明並不是一定要變得自信強大，才能解決這個問題。

說白了，「不配得感」只是我們在面對外界時的一種應對方式而已，我們只要願意勇敢承認自己存在這樣的想法，便已經很了不起了。接下來要做的，只是不斷地練習，嘗試在別人誇獎的時候不拒絕，在有晉升機會的時候勇敢抓住，在賺到錢的時候瘋狂誇讚自己……就這樣以一次一次的正向練習，抵消掉過往一次一次的負面想法，最後順其自然地成為一個不那麼有「不配得感」的人。

其實心理學上的「不配得感」與過往的經歷、父母的教育等很多因素有關，說起來能單寫一篇了，所以在這裡我就不展開了。在第六章的時候，我們再一起繼續探討。

不管你願不願意承認，我們終其一生都離不開錢。與金錢建立良好的關係，就像與同床共枕的戀人建立良好的關係一樣重要。而在探索與金錢的關係時，必然要先建立認知，正確認識金錢、正確認識財富，它們的能量才會一直陪伴著你，助力你在人生的途中乘風破浪。

所以，在接下來閱讀本書的時候，可以試著將自己的觀念調整成：金錢是價值的體現；成為有錢人並沒有想像中那麼難；賺錢體現了我的價值，我非常喜歡賺錢；君子愛財，取之有道；我很優秀，所以我值得擁有很多錢……

希望有一天，你可以「不為富所累，也不為窮所困」，與金錢建立平衡的關係；希望有一天，你可以理直氣壯地擁有那些，你本來就「配得上」的東西！

最後，在本節留給大家一個小練習：

請不假思索地、誠實地寫出三個你對於金錢的想法，再慢慢思考，自己為什麼會產生這樣的想法。

三、財富促進社會發展

不知道大家有沒有想過、思考過這樣一個問題，我們現代社會從何而來？熟讀史書的朋友可能不假思索地回答，從流血的歷史中發展而來。不錯，但僅僅只有這一個答案嗎？

華東師範大學世界政治研究中心研究員張笑宇，在他的《商貿與文明》一書中提出一個觀點，叫「金錢是人類進步的階梯」。我非常認可。在我看來，人類現代社會的發展故事，由兩條線交織而成，一條是史學中記錄最多的戰爭，一條則是隱匿於戰爭後的貿易。

就從貨幣的發展歷史來看，從遠古的貝殼，到古代的金子、銀子、銅錢，到近代的紙幣，再到現代的數字貨幣，貨幣的變遷代表著歷史，記錄著社會發展，講述著人類文明。

「天下熙熙，皆為利來；天下攘攘，皆為利往。」這條來源於《史記・貨殖列傳》的古語，寫透了世俗真相。從古至今，財富是很多人窮其一生追逐的目標。渴望財富、追求財富、創造財富、擁有財富、享受財富是人的本性，也是人類社會發展進步的不竭動力。一個人的美好生活離不開金錢，一個社會的繁榮發展也同樣離不開財富。

財富加快經濟發展

我在對外講課時，很喜歡講這麼一個故事：

我們家鄉前幾年盛行民宿經濟，我表姊也開了一間。有一天晚上民宿來了一個外地遊客，客人想在這裡住一晚上便來諮詢價格。我表姊就熱情回答，說住一晚上住宿費人民幣一百五十元，還需要押金一百元。客人覺得價格公道，立刻就付了錢準備入住。事情本來到這裡就結束了，但沒多久客人又來了，說他今天晚上不住這裡了，剛才有個老朋友打電話說可以招待他，既能敘舊還能省錢，於是就來看看民宿能不能退錢。

我表姊雖然有點不高興，但也不是不講理的人，勉勉強強同意了，就說，住宿費我現在可以退給你，但押金按照規定明天下午退房時我才能退你。客人見能退錢就高興得不得了，也就爽快答應了。前面鋪墊得有點長，大家別睡著，接下來就是這個故事的重點了。我表姊想起欠了熱水供應商一百塊，就用這一百塊趕緊去還了。供應商拿到這一百塊，就又去還了飯店老闆的飯錢。飯店老闆又用這一百塊去還了朋友的錢，朋友又用這一百塊還了菜市場老闆買菜的錢。菜市場老闆的女兒前幾天在民宿住了一晚上，還沒有付錢，於是這一百塊最終又回到了我表姊的手上。

第二天下午，客人如約而至，來拿回自己的一百塊押金，然後滿意離開。從昨天到今天，一百塊還是一百塊，但這一百塊經過一晚上的流通，讓我表姊的民宿有了熱水、讓供應商吃了飯、讓飯店老闆解決了急事、讓朋友買到了菜、讓菜市場老闆的女兒享受到了民宿。在這小小一百塊的帶領下，一個經濟市場就這麼形成了，每個人都得到了自己想要的，社會的資源也都得到了合理的配置。

古代社會是透過暴力獲取資源，而現代社會則是藉由約束暴力來推動進步。金錢有很多壞處，但它也有很多好處。金錢縮短了距離，即使一個在中國一個在美國，仍然可以做生意，共同賺錢；金錢提升了效率，一頭羊一百塊錢，總比一頭羊該換多少雞蛋、雞蛋又能去換多少米，聽起來效率高多了；金錢讓我們擺脫了私人關係的限制，即使我沒有背景，但只要能憑藉才華和能力賺到錢，就有了選擇的自由；金錢還讓我們更文明，我們不必像動物一樣透過暴力的掠奪得到某些東西，而是可透過金錢輕而易舉地購買日本的電鍋。

貨幣是經濟的象徵，貨幣的流動帶來財富，而財富最終形成經濟的繁榮。

財富促進社會進步

金錢是不是萬惡之源我不知道，但我非常確定金錢是背黑鍋專業戶。就像是娛樂圈明星的粉絲們，不管哪裡出了問題，只要罵資本、罵錢，那絕對沒人反對，甚至還能團結路人，一齊開砲。

為什麼呢？難道金錢就這麼不堪嗎？

讓我們往身邊看看，動物世界裡沒有金錢，但動物也是弱肉強食，過得並不和平呀。讓我們再回頭看看，在沒有金錢的蠻荒時代，不同部落之間為了地盤和食物打得頭破血流，問題也不少啊。

那為什麼會有「金錢是萬惡之源」這句話呢？是因為金錢，人才產生了欲望嗎？當然不是。我們的欲望一直存在，對美食的欲望、對美色的欲望、對權力的欲望……欲望是人類的本性，是刻在人類基因裡的東西，怎麼會因為有沒有錢而發生變化？只是隨著貨幣出現，隨著現代經濟的繁榮，人們忽然發現上面所提到的欲望都可以透過金錢來實現，所以金錢成了一個集所有欲望於一體的東西，背了黑鍋人人喊打。

在這裡也想跟大家聊一下，在聽到很多看似「真理」的金句時，保持清醒和理智的態度，去多問一句，為什麼？真理經得起無數句「為什麼」的驗證，但偽真理往往只需要一句便原形畢露。在這個資訊爆炸的時代，千萬別被偽真理裝滿了腦子，不然這輩子可真與財富無緣了。

偉大的經濟學家哈耶克說：「金錢是人類發明的最偉大的實現自由的工具之一。在當今的社會中，只有金錢向所有人開放了一個驚人的選擇範圍。」這句話後來又有了一個接地氣的金句版本：金錢向所有人開放，而權力不會。

韓國盛產韓劇、日本擅長漫畫，而中國的宮鬥劇則獨樹一幟。在看宮鬥劇的時候，我們最大的發現就是權力之下人的三六九等，就連衣服顏色都有嚴格的限制，皇帝、妃嬪、朝臣統統不一樣。有些年輕人老想一夜穿越回古代，但要是真穿回古代了，保證一天就會斃命，因為這種權力下的限制實在是太多了。

與權力相比，金錢就實際多了。只要在市場上流通的商品，誰也不敢規定必須是貴族才能買，只要你能付得起商品的市場價格，你就能立刻把它帶走。

馬克．史庫森在他的《經濟邏輯》（*Economic Logic*）中說，金錢帶給無數普通人的是以往從沒有過的自由。當然盧梭又說了，人生而自由，又無往不在枷鎖之中。金錢對社會發展有利有弊，但換句話說，金錢在人類社會的發展中產生了，那必然是社會的發展需要金錢。而且，自從金錢誕生後，它一直是社會發展中最重要的東西之一。在它的帶領下，我們建立一個「以錢論道」的通用世界，在這個世界裡，不分語言、不分國籍、不分膚色，也不分美醜、強弱，唯一區分的就是價值。而這或許是存在眾多歧視與不公平的世界中，最接近公平的一個了。

除了創造了無限逼近公平的社會環境，金錢還提供了社會發展的動力。假想一下，如果我們現在都心如止水、沒有欲望，或者說社會禁止追求財富，人人每天吃飽飯就睡覺，睡覺起來就吃飽飯，那麼社會如何進步？當然雖然現在很多年輕人喊著「躺平」，但其實年輕人要的並不是真躺平，而是以躺平的姿態反抗。人是沒有辦法放下欲望的，不然為什麼幾千年來得道高僧也就那麼寥寥幾個呢？

財富匯集了人類的欲望，也匯集了人類的聰明才智，我們因為財富工作創業，我們因為財富奔波努力，我們因為財富而共同創造了一個更加美好的世界。

財富促進文化繁榮

看到這個小標題，你的第一反應肯定是，作者為了誇財富是不是瘋了？明明文化和財富就是天秤兩端的概念！那些有錢人動不動就腐蝕我們的文化，怎麼好意思說促進文化繁榮！

別急別急！聽我慢慢道來。

這個觀點不是我憑空揑造出來的，是我去年在讀一本書的時候瞭解的。這本書叫作《錢的歷史：貨幣如何改變我們的生活及未來》（*Coined: The Rich Life of Money and How Its History Has Shaped Us*），書裡說了這麼一個有意思的事情：現存於世界上的主要宗教和哲學思想，都源於鑄幣術發明的時代，即西元前七世紀到四世紀。

是不是有點意思？繼續往下看。

原因很簡單，是因為貨幣的出現促進了商品的流通，也就是第一點經濟繁榮起來了。再接著貨幣讓財富有了標準的衡量尺度，人類的攀比心理、欲望都被調動起來了，第二點社會發展起來了。人有錢了，吃飽了，喝足了，才有心情風花雪月。而且圍繞財富讓人也產生了諸多洶湧澎湃的感情。眾所周知，情感是文化的第一生產力。有些話不吐不快，有些故事不寫不平。雖然錢賺不到，但我買支筆就能把有錢人罵個狗血淋頭！

於是，綜合以上諸多因素，人類社會出現了各種各樣的文化作品，有點像我們春秋戰國時期的百家爭鳴，這段時間也被稱為「軸心時代」，感興趣的朋友可以拓展閱讀一下。

馬克思說，經濟基礎決定上層建築。文化的繁榮勢必離不開財富的支持。就拿我們今天的文化圈來說，拍一部電影、一部電視劇，需要多少財力、物力的支持，而且花了錢之後萬一作品紅不起來，那錢就是打水漂了。在我看來，投資電影、電視劇可比炒股風險大多了。

金錢讓人愛，金錢讓人恨。但其實只要人類有欲望，不管有沒有金錢，我們都會不自覺地追逐利益。前些年黃渤有一部電影很火，我也很喜歡，叫《一齣好戲》。故事裡一群人因為天災被迫困在一座孤島上面，一無所有的主角們重演了人類市場經濟的發展，是如何從以物換物到通用貨幣，又如何逐漸建立經濟制度、社會制度，形成一個獨立的小世界。

馬克思說「金銀天然不是貨幣，但貨幣天然是金銀」。希望讀完這一節，大家能重新看待金錢，重新理解財富，並且站在更高的維度去看待財富對社會、經濟、文化的影響，以及對個人的影響。

四、財富自由的真相

不知道大家上網的時候，有沒有聽過這些流行語？

「你可以騙我的感情，但你不能騙我的錢。」

「說我沒人要可以，說我賺不到錢不行。」

「何以解憂，唯有暴富。」

現在年輕人喜歡討論各種自由，小到奶茶自由、草莓自由，中到財富自由、時間自由，大到離婚自由、育兒自由、辭職自由，而在各種各樣關於自由的討論聲中，無疑「財富自由」是最受關注的。從這些活躍的流行語也可以看出來，沉迷「搞錢」、早日退休真的是我們大多數人的共同心願。

那這第四節，我們就來好好聊聊財富自由。

財富自由就是有錢嗎？

財富自由就是有錢嗎？我可以明確回答，財富自由離不開錢，但絕不是簡單的有錢。

關於財富自由的詳細標準，包括住什麼樣的房子、開什麼樣的車、有多少存款等等，這與其說是財富自由，倒不如說是對有錢的準確定義。如果你相信了它，就會陷入無窮無盡的對於財富的焦慮，跟著自媒體網紅炒房買房，跟著熱點買理財產品，追漲殺跌，甚至還可能加入投資名嘴的粉絲會，狂熱買買買，或者以為抓住了財富自由的風口，開始買虛擬貨幣……那結果是你不僅這輩子都沒有機會實現財富自由了，還很有可能欠一屁股債。因為你已經掉入了財富自由的大坑。

很多人對於財富自由的暢想，就是買到一切自己想買的，擁有一切自己想擁有的。如果你也是這樣，那你這輩子必然不可能實現財富自由。

舉個簡單的例子，當我們上小學的時候，如果爸爸媽媽願意給我們買包零食、買個玩具，我們就能開心得飛到天上去；當我們上初中的時候，零食和玩具已經不能滿足我們了，遊戲機才是我們最想要的。

理解了嗎？如果你的財富自由定義是能買自己想買的，那必然是不可能實現的，因為你的欲望總是會比你的錢包先行一步。人是會成長的，人的欲望也是會成長的，我們在每個階段，對於能覆蓋我們欲望的財富需求也是不一樣的。小學可能是十塊錢的洋芋片，初中是上千元的遊戲機，高中是上萬元的手機，大學就變成了更昂貴的電腦，工作則是更大的房子、更好的車、更貴的包、更奢靡的生活。就像唐僧西天取經的路上，總有九九八十一個陷阱在等著你，而只要你有欲望，那你就永無自由之日。所以，普通人實現財富自由的第一步，必然是控制自己的欲望。

不知道大家有沒有聽過一個詞，叫作「FIRE」。它和意為炒掉、開除的「fire」看似相同，但其實並不是一個意思。所謂的「FIRE」是四個英文單詞的縮寫：Financial Independence, Retire Early，即經濟獨立、早日退休。這個詞是從美國的年輕人中流行開來的，現在在各大社群也有同名小組，是實現財富自由中一股很特別的浪潮。

「FIRE運動」的核心便在於控制自己的欲望，他們認為收入並不是決定你是否實現財富自由的關鍵，而在於你想要什麼樣的生活方式。有人年薪數百萬，住著好房開著好車，還叫囂著自己是窮人；而有人年薪不到百萬，每天曬貓逗鳥，已經實現了退休生活，這其中的關鍵便在於你的選擇，你期待的財富自由的生活，在合理的範圍內，是什麼樣的？

就拿我一個朋友來說，他所期待的財富自由很簡單，就是不用上班，有自由的時間做自己喜歡做的事情。他喜歡寫網路小說，寫得也不怎麼樣，但就是愛寫。對於他來說，他有間房子，有個電腦，能自由自在地寫，就很快樂，這樣的財富自由並不需要太多錢。我還有一個朋友與他相反，就是喜歡物質享受。他喜歡大房子，喜歡開好點的車，吃有情調的餐廳，那他的財富自由就需要一大筆錢。

看到這裡，大家可能會想，那難道只有我沒有欲望或者欲望特別低，才能實現財富自由嗎？當然也不是，這只是為了把大家從對財富自由漫無邊際的想像中拉出來，腳踏實地地睜開眼看看，自己希望的財富自由到底是什麼樣的。

知道了自己理想的生活，那接下來，我們開始正式瞭解，什麼是財富自由。

什麼是財富自由

財富自由並沒有官方的定義，每個研究這個問題的專家都有一套自己的說法。在這裡我們選取最通用的解釋，所謂的財富自由（financial independence），即你的被動收入等於或大於你的日常開支。一旦實現財富自由，你不必為錢而出賣你的時間，而只要你保持目前的生活狀態，不發生什麼大的經濟變動，你都可以一直生活下去。

關於財富自由，有一個公式：

財富自由所需的錢4％＝年度生活所需支出，或者年度生活所需支出的二十五倍。

財富自由一直是全世界的經濟學家關注的事情，所以這個公式也是他們研究出來的。當你的總資產是你年度支出的二十五倍時，你就達到了一個財富自由的關鍵點，從這個時候開始，如果你每年從你的帳戶中提取4％的錢，作為生活費用，那你就可以不用工作了。

分析這個公式，最重要的就是你的「年度生活所需支出」需要多少錢，如果你日常消費欲望越大，自然你的財富自由需要的錢就越多。所以，如果我們將自己的消費控制在一個合理的範圍內，就更容易實現財富自由。建議大家將這個公式列印出來，貼在自己的床頭，每日勉勵自己。

為了讓大家更容易理解，我借鑒馬斯洛的「人類需求五層次理論」，也將財富自由分成了五個等級：財富生存、財富安全、財富獨立、財富自由、絕對財富自由。

層級	名稱	簡介
第一層級	財富生存	財富能滿足個人基本生存需求，衣食住行、教育、醫療等。
第二層級	財富安全	財富不僅滿足生存需求，還能滿足享受生活的需求。
第三層級	財富獨立	財富能基本滿足自己所屬階級內的欲望。

第四層級	財富自由	不必靠出賣時間來換取報酬。
第五層級	絕對財富自	最高層次的財富自由，自己想要的都有能力達到。

對應表格，絕大部分人目前應該都處於財富安全、財富獨立兩個層級內，正在朝著財富自由的方向努力。

寫到這裡，大家應該對財富自由有一個大致的瞭解了，對於自己距離財富自由有多遙遠也有個初步的判斷了。在本節結束前，再留給大家兩個問題：

第一，請列舉出你生活中絕對無法缺少的東西。

控制欲望固然重要，但生活的魅力也在於欲望本身。吃一頓好飯、看一部好電影、穿一件漂亮的衣服，都是欲望，但也都是我們實打實的快樂。這一項便是希望大家列舉出對於自己的生活，最重要的物質是什麼，能帶給你快樂的物質是什麼。

就像對我來說，縱然嘴上說精神欲望遠大於物質欲望，但我特別愛買衣服，每次穿上新衣服都感覺自己年輕了幾歲。所以在我的財富自由規劃中，買衣服定然是不能被刪去的欲望，不過我會把它控制在一個範圍內，超過預算就絕不買。

第二，如果有一天你財富自由了，不必工作了，你想做什麼？

千萬不要答就是睡覺、吃喝玩樂，娛樂的快樂是建立在工作的痛苦上的，不管你信不信，如果只有無窮無盡的玩樂，人必然會陷入巨大的空虛之中，反而失去了財富自由本身的快樂。所以，趁著還沒有財富的自由，好好想想自己有沒有喜歡做的事情，旅遊？讀書？經營自媒體？一切皆可，只要是「即使沒錢你也非常願意做」的事情，那你財富自由後的生活，必然快樂加倍！

第二章

升維到經濟學看世界

一、懂一點經濟學的重要性

在開始進入本節主題前，我先來給大家講一個寓言故事。

在很久很久以前，玉皇大帝下凡巡邏，想看看自己治理下的人間是不是國家太平、百姓安康。巡邏途中，玉皇大帝突發奇想，抽中了一位幸運兒——阿牛，打算帶阿牛也看看人間以外的地方。玉皇大帝騰雲駕霧，先帶著阿牛去了閻王殿，閻王殿人很多，但個個看起來都面黃肌瘦，像是幾個月沒有吃過一頓飽飯，但奇怪的是，眼前明明有一口大鍋，鍋裡熬著肉湯。怎麼回事呢？阿牛仔細一看，閻王殿的人每個人都有一把勺子，但這勺子做得實在是太長了，勺子的把比他們的胳膊還長，所以根本沒辦法把東西送進嘴裡。

遊完閻王殿，玉皇大帝看阿牛不高興，於是立刻帶他去了天界。正好趕上王母娘娘宴會，所有人都吃得正香。阿牛研究了一番，發現這個地方和閻王殿根本就是一樣的，一口大鍋，熬著肉湯，一群人拿著長過胳膊的大勺子。但與閻王殿相反，這裡每個人不僅白白胖胖，還都特別高興。原來啊，閻王殿的人都想著自己喝肉湯，所以反而喝不到；而天界的人都在用勺子餵對面的人，對面的人也同樣餵他，這反而達成了合作共贏的局面。

遊歷完畢，玉皇大帝問阿牛，你明白了嗎？阿牛點點頭，我明白了。

那諸位讀者，你們明白了嗎？

如果你回答的是，樂於助人才能上天堂，或者人不能自私，要心裡想著別人才能共贏，恭喜你，明白了一部分，但沒明白全部。你可不要忘了，你正在讀的是一本講財富的書，而不是一本道德書。

在這個故事裡，我們懂經濟學的人，看到了兩點。第一，人的生存繁衍離不開豐富的物質生產；第二，有了豐富的物質生產，還必須得要有合理的分配方式，透過某種手段，將物質財富合理、高效地分給每一個人，這個社會才能真正稱之為繁榮。

閻王殿和天界都有豐富的肉湯，但閻王殿的人沒有合理分配方式，每個人都看著眼前那點肉湯，反而喝不到；而在天界，玉皇大帝出面為大家設置了合理的分配方式，透過合作共同完成，讓物質財富比較均衡地輸送給每個人。聽完這個故事，雖然你還不懂經濟學，但心裡有那麼點感知了吧？原來經濟學，是這麼回事。

別急，接下來我們正式進入本節的內容。

什麼是經濟學？

經濟學是什麼？

對於大部分人來說，要麼覺得經濟學就是研究賺錢的：「哎，你不是學經濟學的嗎？怎麼這麼窮」；要麼覺得經濟學很高級，是研究國家大事的：「哎，中美貿易爭端，你不是學經濟學的嗎？分析看看？」

經濟學是研究人類社會在各個發展階段上的各種經濟活動和各種相應的經濟關係及其運行、發展的規律的學科。

這是網路查詢出來的定義，是不是如聽天書？每個字都認識，但它們連一起，就彷彿變成了外語？

我剛學經濟學的時候也和大家一樣，一個字都不懂，但後來我理解了這門學科後，發現其實經濟學是一門社會科學，就和開頭的那個寓言故事一樣，研究的就兩件事，一是物質，二是分配，即我們如何透過組織，來高效地實現財富生產。經濟學的核心思想也有兩個，一是物質的稀缺性，就像肉湯，人人都需要但它只有一碗；二是對其的有效利用，因為它是稀缺的，所以不能浪費呀。

同時，經濟學被分為宏觀經濟學和微觀經濟學。這個很容易理解，一個是從高處著眼，研究世界經濟、國家經濟的走向，聚焦於大的趨勢；一個則是從小處著手，對不同決策、戰略進行研究。

瞭解完什麼是經濟學，那我們普通人為什麼要瞭解經濟學呢？因為經濟學實在是太重要了，日常懂一點經濟學也實在太重要了！

爲什麼要瞭解經濟學？

瞭解經濟學不是狂記名詞解釋，狂背重大事件，相反，經濟學可以在生活中切實地幫到你。

1 幫你更深刻地認識世界

你為什麼要閱讀本書，是為了瞭解財富的底層邏輯，繼而以這套邏輯建立財富觀念。那在這套邏輯中，經濟學則是最基礎的基石。

財富源於欲望，欲望催生交易，而有交易的地方，就必然有經濟學。不管你懂不懂經濟學，經濟學都影響著你的生活。比如，這幾個問題，你知道為什麼嗎？

為什麼二胎政策放開後，生育率還是上不去呢？為什麼想要多賣商品A，商品B反而要降價呢？為什麼世界上沒有免費的午餐？為什麼有些奢侈品貴得離譜呢？為什麼高考前後父母對我們態度如此不同呢？……

這幾個問題，有的答案你完全摸不著頭腦，有的答案你似乎明白，但說又說不清楚。這些都沒關係，因為如果你懂一點經濟學，這些問題都能迎刃而解。同樣是看到一個物品漲價，除了人人都知道的通貨膨脹外，你還可以從供求關係、經濟趨勢等諸多維度進行判斷。人與人思維的不同，其實就體現在對一件事物的認知上。當你懂了經濟學，你對事物的認知，天然就多了一個維度和視角，自然也就會更深刻。

2 幫你更好地做決策

經濟學並不是神仙，能告訴你怎麼暴富，但是它可以把所有有價值的資訊擺在你眼前，讓你一目了然地看到每個選擇的代價，你根據自己的需求，選擇契合自身最大利益的即可。而且最重要的是，神仙可能會撒謊，經濟學卻不會。

經濟學裡有幾個概念，給大家介紹一下：

機會成本：成本沒什麼難理解的，就是你完成這件事情，需要付出的代價是什麼。

但在成本的概念裡，有一個詞大部分人卻並不知道，這個名詞叫作「機會成本」。所謂機會成本，簡單來說就是你擁有A、B、C三種機會，當你選擇A時，B和C就會成為你選擇A而不得不付出的機會成本。

聽起來有點繞，舉個例子你們就懂了。你今天上了一天班非常累，下班回家只想打開短影音平臺刷一刷、樂一樂。從尋常角度來看，你只是損失了一晚上的時間，但從機會成本的角度看，你損失的不僅是時間，還有你原本用這段時間學習、閱讀的成長機會。誇張點講，可能每天晚上堅持學習，你最終會成為一個富翁，但為了即時的快樂，你放棄掉了這個潛在的可能性。

畢竟這個世界上，最稀缺的資源就是時間。每個人，無論你是窮人還是富人，一天只有二十四個小時，當你把兩個小時花費在短影音上時，你失去的是永遠無法回來的兩個小時。機會成本是件很可怕的事情，所以大家在做人生重大決定時一定要謹慎，因為你的成本不只是選擇的那一個選項，還有其他潛在的選項。所以，瞭解點經濟學真的很重要。

邊際效應：邊際效益遞減是經濟學中很重要的一個基本定律。舉一個例子，去年我參加了一個朋友合作的禪修班，其中一個環節是一天只能喝水、不能吃東西。可想而知，那一天過得很慢，而當那一天結束後，餐點是一人兩個白饅頭。現在你聽到肯定覺得，呀，好難吃呀，但在一天沒有吃飯的人面前，兩個白饅頭和兩塊肉沒什麼區別，我三兩口就吃完了。吃完後，又來了兩個包子。說實話，包子其實比饅頭好吃很多，但我當時再吃到包子時，竟然還不如饅頭好吃。這從心理學來分析，是人的貪婪與不滿，而從經濟學來看，其實就是一種邊際效益遞減。

除了上面兩個，經濟學中還有很多有意思的名詞，比如沉沒成本、複利效應等，能幫助我們更好地判斷一件事，繼而做出更好的選擇。這些名詞我們後續都會逐一講到，本節就不贅述了。

在經濟學的世界裡，我們會假設所有人都是「理性」的，以最終利己為目的，透過自己所付出的最小代價來收穫自己所能取得的最大利益。但在實際生活中，我們是人、有欲望，我們放不下感性，所以也可以透過學習經濟學來鍛練自己的理性思考能力、決策能力。

3 幫你識破騙局

一位我非常喜歡的女經濟學家喬安．羅賓遜說，她研究經濟學的理由，就是為了避免被經濟學家欺騙。很有道理，這就像行走於金錢江湖，不懂兩門武藝，怎麼能活得下去？

前段時間「國家反詐APP」宣傳得如火如荼，在各種管道、平臺推廣，希望人們下載避免上當受騙。足以證明，現在的詐騙到底多到什麼程度了！而在各種詐騙手段中，金融詐騙一定是金額最大、最容易上當的一種了！

比如前幾年鬧得沸沸揚揚的「P2P爆雷事件」，不光是很多年紀偏大的長輩上當受騙，還有很多知識水準頗高的年輕人陷入其中。事情發生後，除了痛哭、惋惜、追責外，其實也應該思考原因。假設他們懂一點經濟學，懂得風險和收益的經濟學常識，恐怕絕對不會將畢生辛苦存的錢投入風險如此之高的P2P中。

提起金融詐騙，最經典的莫過於「龐氏騙局」了。那個叫龐茲的美國人，發現賺錢最快的行業就是金融，於是搞了一個複雜又龐大的投資計畫，目的就是讓想賺錢又不懂經濟學的人看不懂，以九十天可以獲得40%的回報的空頭誘餌，割了一波又一波的韭菜。如果人人都懂那麼一點經濟學，在聽到40%這樣高的回報時，就扭頭走人了。說句不好聽的，如果是真的有這麼好的暴富機會，還能輪到我們普通人？早都被那些有錢人吃乾抹淨了。

4 你更好地理解國家政策

有句話說得好，叫「站在風口上，豬都能飛起來」。上一個互聯網風口，吹起來了一批富人。那麼下一個風口在哪裡呢？與其看那些專家雲裡霧裡胡說八道，不如自己好好思考分析，至少能分辨出來，誰在說真心話，誰是故意擾亂人心。

前面說了，經濟學分為宏觀經濟學和微觀經濟學。所謂宏觀經濟學，它研究的就是經濟政策是怎麼影響國家、影響社會的。如果懂點宏觀經濟學，那就能倒推著幫我們明白，國家的政策，又是怎麼影響經濟的。

比如，中國地大物博，為什麼不能自給自足，非要和美國做生意？比如，看新聞經常聽到「穩健的貨幣政策」、「寬鬆的貨幣政策」，是什麼意思？再比如，孩子要考大學了，報哪個專業更有前景呢？這些問題宏觀經濟學都能幫你解決。

看到這裡，是不是覺得經濟學還挺有意思，而且真的特別實用？確實是的，學經濟學要有耐心，只要你克服了內心對它的恐懼，就會發現它無窮的樂趣。每個人都應該懂一點經濟學，它一定會讓你更富有，也一定會讓你活得更明白、更自由、更有趣！

二、我與經濟全球化之間的關係

你聽過蝴蝶效應嗎？

二十世紀七〇年代，一位名叫羅倫茲的美國氣象學家提出，如果亞馬遜雨林裡的一隻蝴蝶扇動翅膀，那麼兩週以後的德克薩斯州便會掀起一場巨大的龍捲風。為什麼呢？從科學角度來解釋，蝴蝶扇動翅膀的運動雖然微小，但仍然會使空氣系統發生變化，最終形成連鎖效應，就像多米諾骨牌一樣，只是輕輕一推，整個系統都發生了質的變化。

現在蝴蝶效應已經不僅被用來理解氣象學的問題，還廣泛應用在複雜的經濟學、政治學、社會學等各個領域。尤其是在經濟體系內，風險高度相關，且具有極強的傳導性。我們覺得遙遠得不得了的金融事件就是這隻蝴蝶，而大洋彼岸就是每日忙忙碌碌的我們，你以為世界與你無關，經濟與你無關，但實際上，它們的細微變化都對你的生活有著不可估量的影響！

二〇〇八年的金融危機，就是一個典型的蝴蝶效應！二〇〇七年，一個被叫作「次級房貸債券」的金融衍生產品，引發了美國次貸危機。剛開始時，很多專家和民眾都覺得不過是一次小危機，能引起多大風浪？不光是美國，其他國家人民也沒放在心上，但接下來金融危機蔓延之快，讓所有人嚇傻了眼。二〇〇八年初，美國金融業先出現危機。根據當年的公開資料顯示，世界上最大的投資銀行及金融機構之一花旗集團市值縮水53%，摩根大通則消失了14%。什麼意思？就是你什麼也沒做，但睡一覺起來，上萬億的美元沒有了。

緊接著，二〇〇八年九月，曾經的美國第四大投資銀行雷曼兄弟宣告破產。就在當年四月，他們還宣稱「次貸危機最嚴重的時間已經過去了」，鼓勵民眾恢復信心，但實際上呢，不過五個月，經營了一百五十八年、經歷過多少大風大浪的雷曼兄弟就這麼沒了。

雷曼兄弟破產的同一天，美國第三大投資銀行美林公司被收購。幾天後，美國政府被迫入局，拯救搖搖欲墜的金融業，對保險業巨頭美國國際集團審批高達八百五十億美元的緊急貸款！美國監管機構接手美國最大的儲蓄銀行華盛頓互惠銀行，並將其部分業務賣了出去，以換取資金……

在你方倒閉我又倒的一波一波巨浪下，許多全球頂級的金融機構幾乎一夜之間消失無蹤，美國政府就算是想救也救不過來了。於是，次貸危機的蝴蝶翅膀影響的範圍越來越廣，最終成為席捲全球的二〇〇八年國際金融危機。

中國有句古話叫作「覆巢之下安有完卵」，意思是整體都出事了，個體還能倖免嗎？與「蝴蝶效應」有異曲同工之妙。你們肯定想不到，這句話的出處和「孔融讓梨」的孔融有關。

前面聽了那麼多金融危機的發展，你們大腦一定很緊張，聽個小故事放鬆下。這個故事是這樣的：孔融惹惱了皇帝即將被逮捕。當時孔融有兩個兒子，一個九歲，一個八歲。先來了逮捕孔融的官吏，孔融看著兩個兒子，十分憂慮，便問官吏：「我一人做事一人當，放過我兩個兒子行不行？」官吏還沒開口，他的大兒子十分從容地說：「鳥巢都傾覆了，難道鳥蛋還能完好無損嗎？」果然，不一會逮捕孔融兒子的官吏也到了。大兒子說的這句話，便是「覆巢之下安有完卵」的來源。

有時候，我們初心很美好，和孔融一樣，希望這個世界按照自己所認為的邏輯運轉，誰做誰當，但實際上呢，並不是這樣，所謂「城門失火殃及池魚」、「唇亡齒寒」，不都是這個道理嗎？

當時還是二〇〇八年，世界還沒有完全被聯繫在一起。而二〇二三年，經濟全球化的浪潮早已將世界人民聯繫在了一起。過去蝴蝶扇一下翅膀，三個月後才影響到你；現在好了，昨天扇的翅膀，今天你就能感覺到變化。現在的全球化程度誇張到什麼地步，就拿蘋果手機來舉個例子吧。

每部蘋果手機的製造，需要兩百個以上供應商的合作，具體來看，流程是這樣的：設計來自位於美國加州的蘋果公司；記憶體來自韓國的SK海力士；儲存晶片的顆粒則主要來自鎧俠，前身是日本東芝存儲公司；蘋果13以及14的5G晶片來自美國高通公司；MCU微控單元來自STMicroelectronics，一家義法合資的瑞士公司；內置的鋰電池則主要來自中國的欣旺達電池；螢幕主要來自韓國的三星和中國的京東方……說完所有零件，還有最重要的一個步驟：組裝。組裝蘋果手機的最大工廠就是富士康。根據資料顯示，一半以上的蘋果手機都是在中國組裝的。

很多人用蘋果手機，也知道「全球化」這個詞，但應該是第一次這麼直觀地看到，全球化到底是如何實現的吧？就是這樣，像流水線上的工人一樣，每個國家的企業都只完成自己最擅長的部分，最終齊心協力地合作，完成世界上最優秀的科技產品之一！

二〇二二年，在技術的不斷革新中，在資訊的不斷流動中，世界已經完全聯結成一體，全球兩百多個國家和地區早已因「經濟」建立了千絲萬縷的聯繫。在今天的全球化浪潮中，當蝴蝶扇動翅膀的時候，也沒有人能逃得過暴風雨。就像二〇〇八年的金融危機，美國是當時世界經濟的領頭者，當它發生金融危機時，就像給危機加了槓桿，蝴蝶效應會不斷被放大，並且透過這種錯綜複雜的經濟關係，不斷蔓延給全球各個國家。

我記得我當時有個親戚是做外貿生意的，他印象非常深刻。幾乎就是一個星期內，幾千單的外貿訂單瞬間沒了，其中有一些已經做好了，但沒辦法，採購的企業已經破產沒有錢了，整個產業鏈就這樣從上游影響到下游。

二〇〇八年的金融危機聽起來或許有點遙遠，那我再舉個近點的，且與我們自身有密切關係的例子。二〇二〇年初，新冠肺炎疫情爆發，斷斷續續地防控了三年。這件事，不僅對我們的身體健康，更是對我們的經濟狀況產生了巨大的影響。好在二〇二二年底，終於防疫政策放開，雖然一段時間內，經濟很難迅速回升上去，但放開這個動作，就像蝴蝶扇動的一個翅膀，最終會對整個局面產生巨大的影響。

最近有很多年輕人找工作，有時候迷茫了會找我聊天，問的問題十有八九都是經濟是不是不行了，為什麼都不徵人？為什麼我這麼久都找不到工作，是我太差嗎？企業勒緊褲腰帶，也是上一次蝴蝶效應留下的影響，活下去目前是企業最重要的事情。當然了，第二輪的蝴蝶效應已經開始了，活下去對於企業固然重要，但繁榮發展也很重要，而繁榮發展最離不開的自然是人才。要善於抓住蝴蝶扇動翅膀時的空隙，不斷充實自己、提高自己，這樣當蝴蝶效應帶來的機會真正出現時，才能一舉擊中！

世界充滿動態的變化和發展，一件事情的發展，其軌跡有時有跡可循，有時卻毫無蹤影。一個小小的變化，便能影響整個系統的宏觀發展，從某種程度上說，也說明了事物發展的複雜性，也就倒逼著我們不斷升級自己的思維，才能趕得上瘋狂前進的世界。

暴風雨不是一夜之間來臨的，金融危機不是一夜之間爆發的，在這些現象出現之前，必然已經出現過千千萬萬條的蛛絲馬跡，而經濟學就是幫助你發現這些蛛絲馬跡的放大鏡。

有人說，以前勸孩子讀書，是這樣說的：女兒啊，好好讀書，不然以後就是那街邊撿破爛的。現在勸孩子讀書，則是這樣的：兒子啊，你可得好好讀書啊，以後你可是要跟全世界的人才競爭啊，美國人、印度人，還有機器人！你要是不讀書，連撿破爛的工作都沒了！

聽起來滑稽，但仔細一想，也有那麼幾分道理。我在著手寫這本書時，一個由美國人工智慧研究公司 OpenAI 研發的 ChatGPT 智慧聊天機器人火爆網路，僅兩個月用戶便已破億，足可見大家對於科技的狂熱。

當這股熱潮出現，有這麼幾個趨勢很有意思：一個是科技類股票大漲，有人已經套到了利；一個是中國頭部互聯網公司也開始緊急啟動同類項目，有人已經高薪跳槽；一個是開始研究人工智慧的應用方向，尋找自己無法被替代的關鍵點……最後一點，從現在看來或許還為時過早，但誰知道呢，新一輪蝴蝶的翅膀已經扇動，真正的風浪遲早會刮起來，你準備好了嗎？

三、為什麼薪水漲了還是不寬裕？

《畢業一年，我是怎麼做到年入百萬的》、《95後人均存款過百萬，你呢？》、《00後平均月工資1W，你呢？》、《聽說30歲不買房的人，這輩子就買不了了》……

以上這類文章，你一定刷到過至少一篇。這些文章都有一個共同的特點，那就是在說這個年代，人均有房、有車有存款，你如果不是，不好意思，你就不是「人」了。

讀著這樣的文章，我們很難不覺得自己特別窮。想談戀愛，人家要求心儀男女嘉賓，月入至少得人民幣兩萬，房和車總得有一個吧；想買房，從房仲處假裝路過了下，立刻被那高得嚇人的房價嚇退，發現自己要買下一套房也就差把下輩子也搭上。本來覺得自己每個月的薪水好像還可以，能養活自己，還能存下那麼一點，但仔細一看，發現完全不行——人人年薪百萬，你卻只有一半，差得也太遠了吧？於是我們一邊自怨自艾，一邊埋頭苦幹，朝著那根本不存在的終點如老黃牛般辛苦耕作……

但其實，你們知道嗎？在中國，年薪人民幣十萬，就已經打敗了90%的人！沒有想到吧？許多人認為，年薪十萬，是一個簡直不值一提的數字，但事實上，和全國人民比起來，不僅不低，甚至還可以稱得上是「有錢人」。

中國最有錢的上海，二〇二二年人均可支配收入也不過是七萬。值得注意的是，國家統計局公佈的人均可支配收入中，除了工資收入外，還計算了經營收入、財產收入、轉移收入等。也就是說，像投資股票、開店、業餘兼職等收入，也都會計算在裡面。所以，這其實是一個綜合且具有代表性的資料。

我們來算一筆帳，如果你真的稅後月薪人民幣八千，那年薪接近十萬，這個收入已經高於上海的人均可支配年收入了！如果看自媒體的文章，或許會驚嘆，「稅後月薪八千，在北上廣能活？」但事實上，不僅能活，而且活得還算不錯了，畢竟都高於平均值了。再說句大實話，如果我們把頂部極少數的有錢人剔除掉，那你這個排名還會不斷往前躍，超越95%的人民沒有問題。但是，即使月薪高於平均值，並且每年還處於積極增長的狀態，我們為什麼還是感覺很窮呢？想買的東西永遠不敢買，財富自由也看似遙遙無期。

我有一個朋友，她從事境外電商的，已經做了七年了。在疫情爆發的這三年，幾乎是飛躍式發展，具體賺了多少錢我也不好意思問，但從小道消息來看，確實賺錢了。按理說，賺到了錢，消費水準應該不錯吧，應該是開心的吧？結果她和我吃飯的時候狂吐槽，每句話都離不開一個「窮」字。這讓比她還窮的我，都不知道如何開口了！

像她這樣的吐槽，我還聽到過很多。像什麼「老師，我今年薪水漲了20％，消費也沒提升，但錢怎麼還不夠花了啊？」原因有很多，但最直接的便是：你收入漲了，物價也漲了。

收入的漲幅趕不上物價的增幅

經濟在高速發展，我們的收入也在不斷提高，但物價也在不斷提高。只有你收入的漲幅，追得上物價的增幅，那你才能體會到「賺到錢」的感覺。

那問題來了，為什麼收入總是跑不過物價呢？很簡單，因為通貨膨脹。通貨膨脹是一個和日常生活息息相關的詞，但很多人並不知道，或者知道但並不理解。與通貨膨脹總是聯繫在一起的，還有一個詞，叫作「貨幣幻覺」。

什麼是貨幣幻覺呢？舉個例子，下面兩種情況，你會選哪個？

A薪資增加3％，而同年的通貨膨脹率為6％；

B薪資減少3％，但同年的通貨膨脹率為0％。

你是不是選了A？不必擔憂自己選錯，大部分人都選了A。其實，只要稍微計算一下，就會發現這兩個選擇的最終結果其實是一樣的——在考慮通貨膨脹的影響下，薪水都減少了3％。那麼結果明明一樣，為什麼總覺得第一種更好呢？這就叫作「貨幣幻覺」。

對於普通人來說，我們下意識會更關注自己的收入變化，只要收入是增長的，便認為自己更有錢了，並不會去將通貨膨脹水準計算在裡面。

從改革開放後，我們的收入簡直是肉眼可見地上漲！幾十年前，萬元戶還是稀缺，而現在月薪沒人民幣一萬都不好意思活著！這一切看起來像是國家發展了，我們也賺到錢了，但實際上呢，等我們去市場裡走一圈，才發現現在的一萬元，連很多城市的一平方公尺都買不到。

恍惚間才發現，原來不光是我們的收入漲了，物價也在漲，而且漲得可比我們收入快多了！你夜不能寐地埋頭苦耕，結果天亮了，這片地你耕和沒耕沒區別，是不是很崩潰？

先別急著崩潰！現在是你應該高興的時候，因為你已經知道了背後的原因，打破了認知之窗，而認知則是一切奇蹟發生的第一步！我們繼續來看！

在經濟學裡，有一個很經典的貨幣數量論公式：M×V＝P×Y。

M，指的是貨幣數量；V，指的是貨幣流動速度；P，指的是物價水準；Y，指的是商品總產出。也就是說，物價水準＝貨幣數量×貨幣流動速度÷商品總產出。

要想知道為什麼物價漲得那麼快，那必然要先找出影響物價的關鍵因數，即貨幣數量、貨幣流動速度、商品總產出。

我們以M——貨幣數量作為示例，分析開口：貨幣數量過多，導致物價上漲。

以前世界經濟是金本位制，即每個國家的貨幣與黃金或其他貴金屬掛鉤。金本位制固然存在很多問題（後來被取消了），但有一點是好的，就是不能亂發貨幣，流通的貨幣大體上是固定的。後來金本位制結束，貨幣就只能依靠國家信用了。換句話說，有的不負責任的政府很容易衝動，沒錢了？那我就去印錢，反正我的地盤我做主，又沒有其他人能管我，最典型的例子就是辛巴威。於是，當貨幣數量變多時，代入公式來看，物價水準自然就上漲了！

中國人民銀行制定了每年12%左右的貨幣增速，這是按照GDP增速（7%左右）和CPI增速（3%左右）來制定的，但實際上的貨幣增速大概是16%。所以，通貨膨脹不可小覷。有時候你看似薪資漲了，但和通貨膨脹一比……算了，還是別比了。

GDP是國內生產總值（Gross Domestic Product）的簡稱，是一個國家（或地區）所有常住單位在一定時期內生產活動的最終成果。GDP是國民經濟核算的核心指標，也是衡量一個國家或地區經濟狀況和發展水準的重要指標。

CPI是居民消費價格指數（Consumer Price Index）的簡稱。居民消費價格指數，是一個反映一定時期內城鄉居民家庭一般所購買的消費商品和服務價格水準變動情況的宏觀經濟指標。它是度量一組代表性消費商品及服務專案的價格水準隨時間而變動的相對數，是用來反映居民家庭購買消費商品及服務的價格水準的變動情況。

現在你是不是很慌，通貨膨脹這麼厲害，怎麼辦啊？別慌！接下來給大家幾個小建議：

1 **適當負債、適當消費**：適當消費大家都知道，但適當負債是什麼意思呢？大部分人其實是不愛借錢的，拿了別人的東西心裡卻不踏實。但我們要努力克服這種心態，因為物價上漲是一種幾乎確定的趨勢，如果有未來一定會買的高價商品，可以考慮提前購買，並且在能力允許的範圍內負債購買。尤其是現在很多物品都支援分期零利率，你可以將這一筆本應付給商家的錢，去買個定投或者存活期拿利息，如果這筆錢夠大的話，還是能賺不少的！

2 **建立自己的風險準備金**：什麼是風險準備金？所謂風險準備金，就是你為風險準備的錢。有句話很難聽，但很實在，是「你不知道明天和意外，哪個會先來」。是的，所以風險準備金，就是你抵禦突如其來的意外的保障。一般來說，一個家庭要儲備足夠日常生活六個月的存款或者其他流動性的資金。這筆錢，無論如何都不能動用，是安心錢。如果你尚未建立家庭，三到六個月都是合適的。換句話說，不管有多少，但一定要有！

3 **如果房子是剛需，就買房：**房地產市場雖然會有波動，但對於剛需房來說，什麼時候買都是合適的。如果準備結婚、養育小孩或確定自己一定會買房，那早買比晚買好。負債雖然有壓力，但適當的負債和債務槓桿，其實是對沖通貨膨脹比較有效的方式。當然，如果是想炒房的話，不在本節主題裡。

4 **建立自己的投資體系：**我個人認為，對抗通貨膨脹最好的方式，一定是做資產配置。現在其實各大銀行都在推廣資產配置的理財觀念，去銀行走一遭，加幾個客戶經理的微信，跟他們聊聊你的需求和資產情況，配置一套適合自己的理財組合。

這是標準普爾家庭資產象限圖，將你的資產分為要花的錢、保障的錢（風險準備金）、增值的錢、保值的錢，更多關於這部分的知識，我們後文再介紹！

另外，很多人可能覺得自己就那幾萬塊錢，有必要進行資產配置嗎？非常有必要。

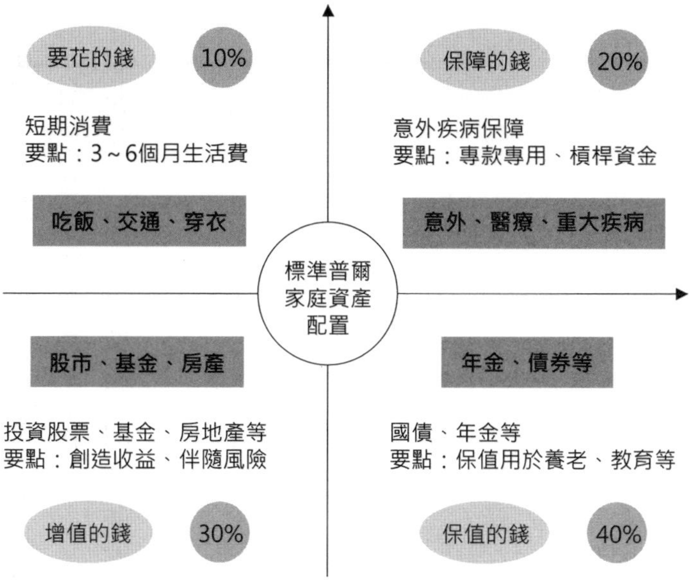

標準普爾家庭資產配置

如果你現在不動手，那你這輩子還真就那幾萬塊了。你要將這幾萬塊作為小試牛刀的牛刀，透過小錢建立自己的投資體系和理財認知，這樣才有機會擁有幾十萬，乃至幾百萬！

還記得我們前面說過的嗎？要學會尊重錢！幾萬塊怎麼不是錢了？要知道每一分錢都有自己的使命和價值，一定要養成對錢的尊重感！不要小看幾萬塊，當你埋頭耕地的時候，你的幾萬塊錢也在耕地，雙向奔赴總比一個人有效些！

其實，乍看到本節的標題，每個人第一個反應是，那是因為你薪水變高了、欲望也變高了、自然更窮了！確實，欲望總是比我們的能力先行一步，但那並不是我們的錯。而且從經濟學的角度看，也確實並非是我們的問題，有時欲望還沒來得及滋生，口袋已經空空。

日常很多現象其實都是這樣，乍一看是我們的問題，但透過現象仔細去分析，其實並非如此，而經濟學就是幫助我們透過現象看到本質，最有效的工具之一！

四、經濟學中財富運行的祕密規則

好好讀書，努力工作，然後就能賺到錢了——這是我們每個人都被教導的一條「財富」之路，但實際上，根本沒什麼用。在經濟學中，有一個詞叫「資訊差」。什麼是資訊差呢？可以簡單理解為，在關鍵的事情上，知道別人不知道的資訊。

如果一條財富之路眾所周知，那它就不是財富之路了——即使它曾經是，現在也因為資訊的稀釋，失去了價值。其實，本書教大家建立的財富底層邏輯，就是一種資訊差，閱讀本書與不閱讀本書，本身就會有差異，而有財富邏輯與沒有財富邏輯，更是天差地別。

「道可道，非常道；名可名，非常名。」就像這句傳承千年的《道德經》第一句，其實說的就是世界萬物總有其規律，總在圍繞某種規則運轉。看懂規則，就能透過這些紛繁複雜的社會表像，看到最底層的本質。在人類世界中，有三個最關鍵的運行邏輯，**分別是技術邏輯、經濟邏輯和權力邏輯**。技術邏輯決定著物質生產，經濟邏輯決定著物質分配，而權力邏輯決定了所有權。要想建立財富的底層邏輯，必然要先瞭解經濟規則。

本節作為宏觀經濟世界的最後一節，打算給大家來點乾貨，向大家介紹三個經濟學中財富運行的祕密規則。當然規則也有三六九等，讓我們抽絲剝繭，從第一層細細說起。

第一層規則：商業模式

就像思維有認知模型，經濟也有商業模型。在動盪起伏的千年商業史中，其實左右不過那幾種商業模型。這是三個最常見，也是最快盈利的商業模式：

第一種模式：免費模式

互聯網發展得最風生水起的時候，商業江湖上流行一句話，叫「羊毛出在羊身上」。現在這句話早已深入人心，都用不著解釋了。免費模式是最簡單卻最有效的商業模式，但很多人往往唯讀懂了免費，沒有讀懂模式。

舉個最常見的例子：綁定月租費免費送手機。

很多運營商都有這個活動，你綁定一定金額與期限的月租費手機就免費，或者你不想要手機，送其他等值電器也可以。聽起來是不是很划算？是不是很心動？是不是感覺人家在賠錢做生意？

其實，這生意我們來做，確實是賠錢，但大運營商來做，就是賺錢的。為什麼呢？因為市他們採購手機價格會比定價低很多，有時候手機企業為了處理滯銷機，折扣還會更低，他們也就賺得更多。

這個類型的免費模式中其實又套了一個小的商業知識，叫規模效應。可口可樂為什麼能成為可樂一哥？很大程度上是因為它市場規模夠大，極大地壓低了成本。

再舉一個例子：麥當勞的廁所，為什麼對所有人都是免費的？說實話，在外面逛街的時候，我常去使用麥當勞的免費廁所。第一次去的時候還是個少年，忍不住誇讚麥當勞真是為人民服務的好榜樣，竟然免費讓我們使用。

但等我學了經濟學，我一下就明白了，麥當勞真是把免費模式玩得明明白白的。我們從經濟學角度來看下，當我們免費去麥當勞上廁所時，為麥當勞帶來了什麼：

- 免費的品牌傳播（麥當勞能免費上廁所）；
- 絡繹不絕的人流；
- 人流帶來了人氣；

- 人流帶來了無數的潛在顧客。

這四條收益中，光第一條，就為麥當勞省下了多少錢哪！

第二種模式：加盟模式

加盟模式在餐飲業尤其常見，火鍋（海底撈）、甜點（鮑師傅）、手搖飲（一點點、奈雪的茶）等，到處可見這種模式。也因此，加盟模式也被人認為是「割韭菜」最多的模式。不過我倒覺得，這反而證明了這個模式是真的有利可圖。這種模式在生活中實在是太常見了，我們就不舉例子了。

第三種模式：O2O模式

所謂O2O模式，聽起來高端，其實就是透過線上行銷和購買，帶動線下的經營和消費。比如，近年非常火的美妝品牌完美日記，其實走的就是這條路線。透過線上（小紅書、嗶哩嗶哩、抖音等）全面行銷開花，帶動網店銷量衝刺，在打開品牌後，又線上下開設店鋪和體驗店。

這種模式將線上和線下的優勢融於一體，將互聯網流量導入線下，讓用戶在享受線上價格的同時，又能享受線下店鋪的優質服務，從而真正將消費者圈住。其實很多大企業，線上成功後，都會嘗試線下店鋪，這證明O2O的模式真的很吸引人。

具體而言，它有以下幾個優點：

第一，O2O模式放大了互聯網優勢（資訊傳播廣、使用者集中等），並且創新性地將互聯網的優勢引入線下，以長補短，讓海量資訊、海量使用者又重新回歸到條條小溪中，進行精細化的耕作。比如現在的社區團購，其實就是O2O模式。

第二，O2O模式規避了線下的劣勢。線下傳播透過無法預測的傳統行銷模式來推廣，結果好不好不知道，而O2O將線下的行為透過線上來計算，有資料計算就能實現成本可控。

除了以上兩點，它還有更好的服務體驗：線上線下一體化，對於我們來說，一樣的價格卻享受到了更好的服務，同時也打破線上線下的資訊壁壘，你不用收貨了才覺得不喜歡，極大地提高了產品競爭力。

第二層規則：商業規律

商業規律可以理解為商業世界裡亙古不變的真理。既然是真理，也註定這個世界上只有極少數的人能知道，知道了又能理解，理解了又能應用，比如證券公司、銀行業等精英充斥的金融機構。他們能掌握真理，所依靠的不僅是自身遠高於常人的學歷門檻、知識門檻，還有這些金融機構本身雄厚的資源背景。

正所謂眾人拾柴火焰高，專業精英們聚在一起，勢必是比我們普通人更有利的。這也解釋了一個現象，你看像BAT等諸多在其他行業發展得迅猛的巨頭，最終都會想方設法進入金融行業。因為他們不僅想成為靠著第一層的商業模式賺錢的人，還想成為一開始便掌握了商業規律的人！

說到這裡，那可能有人著急了，都是精英和巨頭，我們普通人怎麼辦？什麼對我們普通人比較實用呢？答案便是我開頭提到的資訊差。

即使我們不知道浪潮奔湧的規律，但如果能提前從懂經驗的人那裡知道，浪潮什麼時候會湧起，那我們就有充足的應戰機會。面對這場浪，我們是要馭浪而行，還是退而避之？無論做出哪個決策，絕對都需要浪湧的資訊。

隨著互聯網的普及，資訊鴻溝已經逐漸縮小，很多人可能會質疑現在還有資訊差？毋庸置疑，是的。即使有一些資訊，你認為已經人盡皆知了，但其實也僅僅是圈層效應在作祟罷了。有句古話叫「隔行如隔山」，你可以試著將你行業的資訊，或者你覺得是常識的事情在網上分享幾個，在你的圈層之外，絕大多數人都很可能表示不知道。就像我現在為大家分享的知識，也是我認為人人皆知的，但我的編輯非常認真且嚴肅地告訴我，並不是！

網上資訊多，但垃圾資訊也多。我曾經看到過一篇文章說，如果你的所有資訊來源都是朋友圈、知乎、今日頭條、抖音，由於這些管道能提供有價值的資訊的可能性僅有1%，那即使你每天閱讀了99%的內容，你得到的價值仍然不超過1%。

所以，我還是很建議大家透過閱讀書籍來獲取資訊，因為一本書經過重重審核，資訊密度和準確性都是遠遠高於互聯網資訊的。但當然書籍閱讀也有它的不便之處，就是週期長。很多經濟浪潮的奔湧，有時是幾年的醞釀，有時是幾週的爆發，大家可以做個有心人，常閱讀有價值的書籍，同時也透過正確的方法從互聯網上獲得有價值的資訊。

如何從互聯網獲取高品質資訊，教給大家三個篩選技巧：一手資訊比二手資訊有價值；完整文章比碎片資訊有價值；知識源頭的人比資訊本身有價值。

第三層規則：商業規則

已經講到第三層了，大家看懂這個順序了嗎？

第一層的是絕大多數人，靠商業模式實現財富自由。因為最實用，所以我寫得也最多、最詳細；第二層的是中間少數人，靠商業規律實現財富自由，與我們有關係，但關係不大，所以我略施筆墨；現在來到第三層，按照邏輯，應該是和我們普通人完全沒什麼關係了吧？

是，也不是。

商業的世界有商業的規則，而這些商業的規則，有的是白紙黑字的法則，有的則是身在其中才知道的隱祕規則。作為普通人，這些商務邏輯看似跟我們沒關係，但實際上時時刻刻真正影響的，又是我們普通人的生活。比如說，當一項國家經濟政策出臺時，你不看，說跟你沒關係，但趕明兒這政策的影響就立刻落在了你的身上！所以，對於商務邏輯這一層，我們不能不瞭解，但也不必深瞭解，能掌握前面兩項就已經十分了不得了！

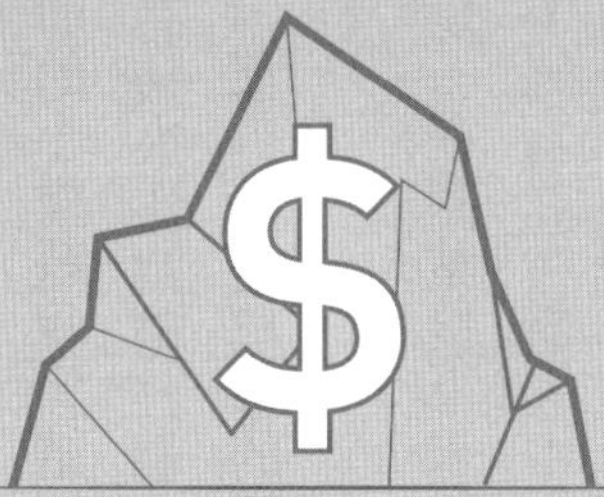

第三章

走出思維的盲點

一、富人思維與窮人思維

什麼是窮人思維，什麼又是富人思維？

本節的小標題我糾結了許久，因為其實所謂的窮人思維、富人思維，並不是真正以是否有錢來作為劃分標準的。有的人，口袋空空，但卻有富人思維；而有的人，腰纏萬貫，卻仍然是標準的窮人思維。一個人的思維，會受金錢的影響，但並不由金錢來決定。

所以，在閱讀接下來的內容前，請大家記住：窮人思維是一種讓人走向貧窮的思維方式，因為其在窮人中出現的概率比較高，所以被稱為窮人思維；與之相反，富人思維則是能幫助我們不斷積累財富的一種思維，作為這種思維的結果，它在富人階級中出現的可能性更大，因此才被稱為富人思維。

區分清楚這個概念後，我們便進入今天的主題：窮人思維VS富人思維。在本節中，我會給大家介紹四種思維，大家在閱讀過程中記得時時與自己的思維對比，來看看自己到底是窮人思維還是富人思維！

成本思維

什麼叫成本？成本是一個經濟學中的概念。通俗點來講，即你做一件事要付出的代價。老話說，有捨有得，這裡的「捨」其實就是成本。我們在前面的章節中，提到過一個詞叫「機會成本」，不知道大家還記得嗎？機會成本也是若干類成本中的一類。

什麼叫成本思維呢？說老實話，其實窮人比富人會算帳，進超市、逛淘寶，為了湊個滿額折扣，計算器敲得梆梆響，大腦CPU狂轉，而富人倒看起來不太會計較成本，到了就買、買了就走，看上去有錢、傻。但真的是這樣嗎？當然不是。

富人不算這些賬，並不是他不在乎，而是他心裡有一本更大的帳本。在這個帳本裡，不光有這些券，還有自己的時間、精力等諸多成本，他經過核算後，發現自己不計較反而更划算，所以才到了就買，買了就走。

這裡其實還附加了一個思維，叫短視思維。思維之間其實是互相聯繫的，就像人大腦裡的神經一樣，都是互相交錯、互相影響的，我們要學習財富邏輯，其實就是建立一套嚴密的思維框架，要多注意這種思維之間的縱向聯繫。

短視思維，表現出來就是短視：只計較眼前的得失，而看不見遠處的利益。生活中隨處可見這樣的例子。每年雙十一，為了湊額折扣占平臺的便宜，耗費我們大量的時間不說，還買了一堆沒有用的東西。說退貨吧，叫宅配上門真麻煩，還要自己出運費；不退吧，為了湊單買的，真心用不到，開開心心的購物反而成了負擔。

說到這裡，其實大家已經感知到了，窮人為什麼沒有成本思維，根本而言是因為他的短視思維影響了他，讓他只看得到可量化的成本，比如省了多少錢、占了多少便宜，而看不到潛在的成本，比如自己的時間、精力、囤貨所占的房子面積等等。總結而言，要想建立成本思維，一定要打破你的短視思維，一是要看得更遠，二是要看到那些冰山下的成本。大作家褚威格為法國的瑪麗皇后寫的傳記裡，有這麼一句在網上很火的話，「她那時還太年輕，不知道所有命運贈送的禮物，早已在暗中標好了價格」。是的，免費的、付費的，所有擺在你面前的東西，都已經標好了價格，要學會用成本思維核算，才不會越活越窮。

增量思維

先問大家一個問題：假如睡一覺醒來，你的工作、存款、房子、車子……這數年來的積累都沒有了，只剩下你自己，你有信心重新開始嗎？

我先來回答，我有信心，因為「我」還在。「我」不是幾十年前像張白紙一樣的我，而是積累了無數的思維方式，積累了無數的知識和技能的我。所謂「授人以魚不如授人以漁」，只要「漁」還在，就不怕沒有魚。

我們經常看到這樣的新聞，有人中了幾百萬、幾千萬的大獎，但最終都無一例外又變回了窮人。為什麼呢？因為從天而降的金錢，只是改變了他們手中「魚」的數量，並沒有改變他們心中「漁」的思維。有人揮金如土，花個精光；有人省吃儉用，卻一夜被詐騙。

什麼叫增量思維？與存量相對的叫增量。存量和增量，都是經濟學中的詞。存量，簡單來說，就是指截止到某個時間點，過去所積累的所有資源的總數量；而增量，則是指某一段時間內，資源增長的變化。通俗點來說，存量就是你有多少；而增量是，你未來還能有多少。

舉個例子，窮人和富人都喜歡花錢，但花錢的方式卻大為不同。窮人因為金錢有限，更注重即時性消費，買衣服、買包，以我有多少錢來考慮我花多少錢；但富人卻不同，他的花錢思維是，我花出去的每一筆錢能為我帶來多少價值。比如，有一個專業課程的培訓，有價值也很貴，窮人思維會只看到價格，而富人思維則會從不同角度對課程進行成本核算，確保價值大於價格。從這個角度來說，增量思維，其實是成本思維的另一種變異。

自我投資，其實是最經常使用增值思維的場景。錢的價值在於購買力，如果你能用有限的錢買到無限的機會，即使這筆錢花光了你的積蓄，但它所能為你換來的價值，也是無可估量的。當然了，增值思維難的不光在於思維方式本身，還在於與其他思維方式配合後，所磨練出來的獨到眼光，它能幫我們準確判斷機會的價值。

世界石油大王、世界第一個億萬富翁洛克菲勒去世時，他的財富占到美國GDP的1.5％。前幾天在讀他的《一生的財富：洛克菲勒寫給兒子的38封信》，在書中他說了這麼一句話：「即使把我的衣服脫光，放到杳無人煙的荒漠中，只要有一個商隊經過，我便又會重新成為百萬富翁。」這便是增量思維。

價值思維

在我們剛走入職場的時候，想必都在網上聽到過這樣的建議：要經營好和主管的關係；要培養人脈；學會社交，人際關係最重要……這些建議不能說不對，但如果你只聽這些，那你也很難擁有財富。

擁有窮人思維的人迷信人際關係，總覺得如果自己認識某個大佬，自己也就特別厲害，但其實沒什麼用。說句難聽的，大佬一天見的人比你一年見的人都多，你有什麼本事，能讓大佬記住你呢？而記住你，你又能為他帶來什麼呢？

我在剛工作的時候，就吃了人際關係的虧——不是不愛社交，而是社交太多。看起來和公司的同事都認識，和行業裡的一些前輩也加了微信，但後來我要跳槽的時候，沒一個願意搭理我的。後來我的前主管看不下去了，拉著二十出頭的我吃了一頓飯，說了這麼一句話：**社交也好，人際關係也罷，其實人與人交往最本質、最忠誠的關係，是價值交換**。

從那頓飯以後，「價值」兩個字就在我心裡生了根。價值思維，是我認為所有思維中，最基礎也是最有用的一個。尤其是，如果你本身是一個內向的人，更沒必要勉強自己去強行融入圈子。我認識的很多有錢人、有資源的人，反而最不喜歡那種倒貼上來的，他們認為這些人將自己的時間浪費在了社交上，那又怎麼會有精力積累自己的能力呢？

現代商業社會大部分都是互利思維，透過價值交換，我們都拿到彼此想要的東西，實現共贏。所以，要想在商業社會中取得財富，最重要、最關鍵的，還是建立自己的價值，有什麼東西、能力，是你有而別人沒有的？是別人有但你更好的？這才是你的核心。

阿基米德說過，「給我一根長竿，我可以撬起整個地球」。我說，「只要我有價值，我可以讓馬雲來找我」。

逆向思維

人的思維方式，就像是車道。窮人思維是習慣線性思維，往前看、往人多的地方看、往看起來更安全的地方看。而富人思維則是逆向思維，往後看、往人少的地方看、往真正安全的地方看。逆向思維，我也習慣將它稱之為反人性思維。逆向思維有這麼幾個特點：

普遍性

逆向思維，其實是對哲學中對立與統一規律的應用。想要快速培養逆向思維能力，可以先試著從對立與統一的角度來轉變。舉個例子，性質上的逆向：長與短、寬與窄、硬與軟等；位置上的逆向：左與右、上與下等，可以透過這種舉一反三的日常逆向思考，來逐步培養自己的逆向思維。

批判性

逆向思維，之所以叫作逆向，是與常規的正向思維比較出來的。所以，逆向思維也是一種批判性思維。批判性思維並不是要去批評誰，而是一種更深刻、更理性的思考方式，它能說明我們將一個現象看得更透徹，將一個事件分析得更精準，能讓我們跳出常規思維的局限性，看到新的東西。

創新性

大家之所以閱讀本書，除了想要追求財富，我想更重要的是想要培養一套新的財富底層邏輯。而邏輯，便是由不同的思維模式所構成的，逆向思維便是其中最具有亮點的一種。就像司馬光砸缸一樣，如果你掌握了逆向思維，便能對一個問題，提出不同的解決方法，這不論是在創業中，還是在工作實踐中，都會成為你的個人優勢。

前幾年互聯網發展得轟轟烈烈，這幾年元宇宙還有AIGC（Artificial Intelligence Generated Content，是指生成式人工智慧，基於生成對抗網路、大型預訓練模型等人工智慧的技術方法，透過已有資料的學習和識別，以適當的泛化能力生成相關內容的技術。）

又緊隨其後，如果你仔細研究過跟隨時代浪潮出現的產品，你就會發現每一個都有逆向思維的身影。因為逆向思維，是最容易帶來創新的思維模式。

小結

四個富人思維：成本思維：所有擺在你面前的東西，都在暗中標好了價格，要學會用成本思維核算，才不會越活越窮。增量思維：花出去的每一筆錢，能為我帶來多少價值？價值思維：人與人交往最本質、最忠誠的關係，是價值交換。逆向思維：反其道而思之，路就在前方。

二、實現財富自由不能只看「錢」

有這麼一句話很有名：真正厲害的人，拚的不僅是他看得見的硬實力，更重要的是他隱形的軟實力。同樣，在實現財富自由的路上，看得見的「金錢」固然是重要的，但看不見的「財富軟實力」才是關鍵！

職場上，本以為自己經驗豐富、能力頗強，對項目成竹在胸，卻沒想到被一個不顯山露水的新人搶了過去。

生活裡，明明大家都是同一起跑線上的朋友，但數年之後，彼此卻發生了天翻地覆的變化，有人憑藉行業口碑拿到了年薪幾百萬的offer，有人已經有了個人IP，並且成功變現……

現在仔細想想，是我們能力不如他們嗎？倒也未必，能經常混在一個圈子裡的，誰比誰又差得了多少呢？之所以產生這麼大的差距，其實是你們之間軟實力的差距。

在經濟學裡有這麼一句話叫：你永遠無法賺到你認知以外的錢。什麼叫認知，舉個例子，認知就像是一個水桶，而財富就是裝在桶裡的水。水桶越大，裝在桶裡的水才會越多。也就是說，認知越高，能獲取的財富就越多。

這也是我們這本書一直反覆在強調的東西。重複是學習中最笨但卻最有用的方法，如果你讀完這本書，能記住認知很重要，那已經完勝很多人了！

在經濟學裡還有一個詞，叫效率比。效率比應用到我們的生活中，即用最小的成本，撬動最大的價值。而要應用效率比，唯一的要求，就是認知。你需要看透紛繁複雜的事物表像，需要明白事物發展的基本規律，需要掌握思考的底層邏輯，才能在無數個選擇中，做出最具效率比的那一個。這樣的認知，便是軟實力。

什麼是軟實力？

硬實力和軟實力，最常在國家與國家之間進行比較。對於一個國家來說，硬實力指GDP、硬體基礎等，而文化水準、道德修養等則被看作是軟實力。將這個概念遷移到個人身上，硬實力也很好理解，年齡、外貌、學歷、技能等，有明確的標準和門檻；而軟實力，則與之相反，是一種看不到摸不著，看起來虛無縹緲，但一開口就會立刻暴露的東西。一個人的硬實力和軟實力，就像是電腦的硬體和軟體一樣，誰也離不開誰，都在成功中佔有不可或缺的地位。

但在現實生活中，我們往往過於注重硬實力，努力提升學歷、外貌、技能，反而忽略了軟實力的裝備。如果一台電腦硬體很強，卻沒有任何軟體，它能用來幹什麼呢？看起來很厲害，但其實什麼都做不了。這也是招聘市場上，很多高學歷的研究生、博士生，反而不受歡迎的原因。很多人知識和學歷有了，但有的是死知識，有的是靠死知識換來的高學歷，軟實力卻一塌糊塗，甚至根本沒有軟實力這個意識和概念。在我看來，這兩個軟實力，是最重要的。

第一，終身學習的能力

請注意，我所說的是終身學習的能力，不是考試的本事。會考試是一種技巧，但並不意味著會學習。偉大的哲學家叔本華曾說過這麼一句話：「世界上最大的監獄，是一個人的思維。」而學習，就是不斷反覆運算思維方式，不斷打破自己的認知，又將自己的認知重組的過程。

有一個詞語叫作「知識詛咒」，是說一旦我們瞭解了某種知識，就很難站在沒有掌握這個知識的人的角度，去思考和理解他們的思維。這是一種知識詛咒，還有另外一種知識詛咒，是你所掌握的知識，反而限制了你的進步。

我前面說過，學習是不斷打破自己的認知，又將自己的認知重組的過程。如果你是一個一無所知的孩子，你會很容易就接受他人的觀點，因為你知道自己一無所知；而如果你是一個有所成就的專家，你是否還會樂意接受他人的想法呢？我想，你可能連讓他開口的機會都不會給。你過往所掌握的知識，為你建造了一所堅固的思維之房，將你困在了其中。

所以，在很多大師級的學者在分享時，我們總會發現他們有一個共同點，那便是謙卑。無論他們面對的是旗鼓相當的同僚，還是一無所知的幼童，他們總是謙虛地去聆聽對方的觀點。即使對方的觀點是錯誤的，他們也並不是著急反駁，而是去反向推斷，這個人為什麼會以這樣的方式思考，為什麼會說出這樣的話。這種謙卑的態度，抽絲剝繭的思維方式，才是我今天所要分享給大家的「學習」。

有人說，這個世界上其實只有三類人。第一類人，從來不努力；第二類人，今天努力明天不努力，輪崗勤奮；第三類人，則是今天、明天、後天……日日努力。

現在，請誠實地問自己，你屬於哪一類？我想至少應該是第二類吧。願意讀書，並且真正捧起書的人，定是對自己有所要求，也是內心勤奮上進的人。今天努力，並不難，明天努力，也不難，難的是一日復一日的努力。人與人本身沒有區別，但當你每天多學習那麼一點時，慢慢的，你也就超越了許多人。

學習本身就是一件反人性的事情——大家有沒有發現，所有讓你思維成長的事情，都是反人性的。學習是，運動是，挑戰是，因為只有反人性，才能逆流而上。順著人性來，那不就是隨波逐流了嗎？

第二，保持閱讀長篇文章的能力

咦，你前面不是說，閱讀沒什麼用嗎？不，我前面說的是，閱讀只是學習的一部分，強調的是實踐很重要。而閱讀本身，仍然很重要，重要到我必須單獨拎出來講。現在隨著技術的發展，獲取資訊的方式越來越多，可以讀書、讀公眾號、聽播客、聽書、看影片等等。但是，我仍然認為，保持閱讀能力，尤其是長篇文章的閱讀能力，至關重要。

可能有人覺得，這就是老人家的思維方式，沒有跟上時代，影片多有意思啊，播客多方便啊。是的，這些我都不否認，但我仍然堅定地認為閱讀高品質的長篇文章，是最鍛鍊大腦思維的能力。

什麼是思維？思維不是知道具體某個知識，因為我們不是圖書館，也沒必要當圖書館，網路已經儲存了所有的東西。那思維是什麼？思維是見一知三，是見山知水，是透過海面上的冰塊看見深藏其下不可見的冰山。在閱讀長篇文章的過程中，便能夠很好地練習到我們這種思維。

平日裡多閱讀，一時半會兒也許看不出什麼進步，但改變在於積累，在於日復一日的堅持。就像我們的古人所說，「胸藏文墨虛若谷，腹有詩書氣自華」。凡事怕認真，更怕鍥而不捨，每天堅持長篇閱讀，你的思維方式，一定會有所進步。

當然，最好的長篇文章，自然是書籍。實不相瞞，我在二〇二一年的時候，一口氣讀了一百本書。是不是很誇張？是不是想怎麼可能？我自己年底統計的時候也嚇了一跳，怎麼我也變成了網上傳說的那種人。

後來我分析了一下，其實一年一百本書真的並不多。現在手機都有螢幕使用時間，你們可以計算一下你每週、每年花在短影音上的時間，僅僅只計算短影音，你就會震驚於時間之多。如果用這些時間來讀書，一本五百頁的書需要讀四個小時，能讀多少本？

說起讀書，很多人並不是不想讀，而是萬事開頭難。就拿我自己來說，我以前喜歡讀文學小說，品風花雪月、愛恨情仇；長大點喜歡讀政治學、經濟學、社會學，想要瞭解我所生存的社會到底是怎麼一回事；再後來便開始閱讀歷史學、國學經典，開始從流傳千年的經典中，尋找生活的母題——生命的意義、人的價值。

縱觀我的閱讀歷程，其實是比較樸素的兩個詞——興趣和需要。在當下，對什麼主題感興趣，就去讀相關的書；需要什麼主題的書，就去讀相關的書。在這個過程中，千萬不要覺得無用，也千萬不要覺得功利，在這個世界上，很少有什麼事情，是真正無用的，也很少有什麼事情，是純粹功利的。

現在很多年輕人很焦慮，其實不只現在的年輕人，是每個人在每個階段都會焦慮。二十歲有二十歲的煩惱，三十歲有三十歲的憂愁，四十歲有四十歲的壓力，五十歲有五十歲的憂傷，焦慮是活著就不可避免的事情。所以，與其對抗焦慮，不如接納。

我在焦慮的時候，很愛做兩個事情，很有用。一個是閱讀，埋頭沉浸進去，將自己與喧鬧的世界隔離開，再出來的時候焦慮會減少很多；另外一個則是看人敲石頭。在我們老家，以前會有工匠敲石頭，敲石頭是件比閱讀還無趣的事情。石匠在石頭上敲個不停，很可能敲一百次、一千次，石頭都沒有任何變化，但在第一千零一次的時候，突然石頭就會裂成兩半。「不積跬步，無以至千里。」石匠師傅說，你不知道這是最後一次敲對了地方引起的變化，還是前一千次的積累，共同造成的質變。我覺得很治癒我，也希望能夠治癒看到此書的大家。

財富是世界上最稀缺的資源，普通人要追尋這種資源，前路是漫長而遙遠的，也是漆黑而艱辛的，我們不僅要口袋裡有錢，更重要的是，我們頭腦中要有路線圖。如何走，才能走得更快；如何走，才能走得更久；如何走，才能遮風避雨，這些都是我們該知道的事情。

三、勤勞但不一定富有

中華民族常被認為是全世界最勤勞勇敢的民族，與此對應的，還有吃苦耐勞、艱苦樸素、天道酬勤、勞動最光榮等等，這些都是我曾堅信不疑的真理，直到長大後，當我踏入經濟學的大門後，當我翻開經濟學的課本後，我對「勤勞」、「吃苦」便產生了深深的困惑。為什麼呢？因為我發現，你勤勞一定餓不死，但你不一定會富有！

放眼全世界，我想沒有哪個國家、哪個民族，敢說自己是最勤勞的。對於中國人的勤勞，英國《衛報》寫過一篇長文，翻譯過來叫《中國人工作，到底有多努力》。在這篇文章中，英國的衛生大臣傑瑞米・杭特發言，說受到他的中國妻子的啟發，強烈建議英國人向勤勞的中國人民學習，勤奮工作、努力上班，才能像亞洲經濟體那樣繁榮發展。無獨有偶，二〇二二年馬斯克收購推特後，第一道命令就是：加班！向大洋彼岸的中國程式師們看齊！做一個勤勞勇敢的程式師！

根據資料顯示，中國人平均每年的上班時間，高達兩千六百小時；一線城市的上班族則更甚，高達三千五百小時左右。我們來算一下，一年一共八千七百六十個小時，平均每天睡七個小時（正常應該八個小時，但應該是很少人可以睡足），耗費掉兩千五百五十五個小時，平均每天通勤兩個小時，耗費掉七百三十小時，只剩下一千九百七十五個小時……

而中國最勤勞的人，大家想必都知道是誰吧。二〇一三年，中國農民工平均每天工作八點八個小時，近八成以上的人每週工作四十個小時以上，但人均月薪大家知道是多少嗎？僅僅人民幣兩千塊錢，合計兩百七十英鎊。

可能很多人不知道，我們現在看到的資料，其實已經是中國人工作時間持續下降三十年後的數字了，有人說這相當於二十世紀五〇年代歐美的水準。而與此同時，疫情前英國人每年平均工作時間為一千六百七十七個小時。就在二〇二三年，英國還提出了一週四天工作制，預計未來平均工作時間又要大大減少，而我們中國人，也將繼續領跑全世界的工作時長，成為超長待機的勤勞民族。

現在問題來了，這麼勤勞的我們，為什麼還是不富有呢。

這是我學經濟學後遇到的第一個問題。很久以前，有個大學者也被這個問題困擾，於是他出了一本書，他就是耶魯大學的陳志武教授。在這本名為《為什麼中國人勤勞而不富有》的書裡，他將其歸結於不發達的社會制度。因為制度不利於市場交易，所以我們的勤勞，只是成為對沖制度的成本。

舉個例子來說，乾隆時算是盛世王朝了吧。乾隆中期（一七六六年），國庫收益有四千九百三十七萬兩白銀，約十一點四億美元；而在二〇〇七年，有家企業的創始人一年收益就超過了十四億美元！當然了，這裡面存在通貨膨脹等諸多因素，但一個國家與一個企業家之間，本身就是巨大的差距了。

這兩者之間的區別，便是由國家制度所造成的巨大差別。就像作者陳志武教授所說，「在國家體制不完善的時候，個體是很難崛起的，因為只能依靠勞動力創造價值」。也就是說，在低效的制度下，你跑，追不上人家，但你要是不跑，你連人家屁股都看不見。

回過頭來說，當時的勤勞所導致的貧窮是制度所造成的，那今天呢？在今天已經趨於完善和成熟的制度下，為什麼這麼多勤勞的人，仍然並不富有呢？因為他們理解錯了財富和勤勞的關係。它們只是具有相關性，並沒有因果性。除此之外，對於財富和勤勞，我們還經常存在著幾個根深蒂固的認知錯誤。

錯誤認知一：勞動創造文明

首先，我們要準確定義勞動。如果勞動只是純粹的覓食，那並不是勞動創造了文明。因為如果勞動等於覓食，自然界中的所有動物為了生存都需要覓食，但除了人類外，並沒有再見到其他物種的進化。因此，並不是純粹的勞動（覓食）創造了文明，而是理性，由覓食延伸出來的思維認知創造了文明。人的勞動，並不是被動的、麻木的行為，而是需要思考的。

《人類簡史》的作者尤瓦爾．哈拉瑞說，人類懂得分工合作，懂得建立規則。是的，人類因為想實現更高效的發展，不斷反覆運算自己的思維，創造了貨幣，創造了政府，一點一點創造了今日我們所需要的一切。

這種思維能力，是其他動物不具備的。很多人讀到勞動創造文明，下意識以為是狹義的體力勞動。但其實並不是，真正創造文明的是勞動背後的理性思維。同樣，人也是透過理性思維來創造價值的，勤勞有時候只是理性思維的外在體現罷了。

錯誤認知二：勤勞是人的天性

批評一個人時，我們經常會用到這幾個詞：好吃懶做、好逸惡勞、貪圖享樂，諸如此類。在使用這些詞語時，我們似乎預設了潛在的邏輯，勤勞是人的天性，不勤勞便是萬惡之源。但事實卻正好相反。我們絕大多數人的勤勞，其實都是為生計所迫。

如果不愁吃不愁穿，有房子住有車子開，還有人願意成為一個勤勞的人嗎？我想不會的。

同理，勤勞致富到今天，也已經是個偽真理了。在我的老家，那些種地的老人們，早上天沒亮就起來，晚上天黑了才扛著鋤頭從農田回來，但他們一年賺的錢可能都沒有我一個月多。平心而論，我再勤勞，能比得過他們嗎？

財富是由價值創造的，勤勞是實現價值的諸多方式之一，而且是最廉價的一種方式。因為人人可以勤勞。我們從小被教育要吃苦耐勞，人生下來就是受苦的，諸如此類的認知已經牢牢刻在了我們的大腦中，然而靠勤勞創造價值的路已經塞滿了人。

孟子有云「食色性也」。先跟大家解釋一下，「食」在這裡，是喜愛的意思。這句古話的真正意思是，「喜愛美好的事物，是人的本性」。什麼是美好的事物？氣喘吁吁地搬磚肯定不是，躺在草坪上看雲肯定是；早上六點起來擠地鐵肯定不是，但六點在泰山看日出肯定是。

所以，勤勞，從來不是我們的本性。勤勞之所以被鼓吹為人的本性，無非是當初的統治者用來統治的手段罷了。「勞心者治人，勞力者治於人」，當你沒日沒夜辛勤勞作時，你還有精力思考嗎？當你不會思考的時候，也是封建帝權最穩固的時候。就像對於秦始皇而言，如果不鼓吹百姓勤勞，誰為他修那長城呢？對於漢高祖劉邦來說，如果不鼓吹人民勤勞，誰願意出軍塞外征戰沙場呢？

我有個朋友經常說「人之初，性本懶」。聽起來不對勁，但仔細想，倒有那麼幾分道理。我們仔細觀察商業世界，當互聯網浪潮來襲的時候，崛起的都是哪些企業呢？讓人們足不出戶就能買到東西的淘寶、讓人們足不出戶就能吃到東西的美團、讓人們花最少的錢打到車的滴滴……當你還在勤勞的時候，已經有人看透人類懶惰的本性，創造了自己的商業版圖。

錯誤認識三：投機取巧，不道德

我身邊特別多的學生，都抱著這樣一種觀念：不親自幹活，靠著壓榨別人賺錢，就是投機取巧，就是偷雞摸狗，不道德！每次他們這樣說，我都默默閉上了嘴，思維認知太低，我得先喝一杯茶，從頭開始講起！

其實，投機取巧，是一種經商的方法。而這個方法之所以被社會認定為貶義，只是因為在過去的上千年裡，商業一直是被打壓的。士農工商四大等級，商人是排在最末等的，與做生意相關的詞語也都多為貶義。今天的我們，當再看待這些詞語時，要學會褪去價值觀的道德判斷，學會從商業利益的角度，來分析它的可行性。沒錢，有能力，只能空嘆氣；而有錢，不會經營，好點叫守財，壞點就叫敗家了。

就像一條魚，在你的手裡，就只是一條魚，最多做成紅燒魚；而在商人的手裡，既可以做成菜，還可以用來觀賞，說不定恰好還有一個大老闆就喜歡這類魚，一倒手狠賺一筆。這種行為在你看來叫投機取巧，但其實這裡面隱藏的正是經濟學中的資源配置能力。首先，你需要有資源；其次，你需要有判斷，什麼資源放在哪裡收益最高，這其中的門道，可不是簡單用「投機取巧」四個字所能概括的。

如果大家有興趣，可以去讀讀一些企業家的傳記。讀幾個你就會發現，企業家十個裡有九個，都是從「投機取巧」開始。因為一個意外的機會，賺到了自己的第一桶金，雪球由此滾起來，最終形成一個巨大的商業王朝。這個時候，你還會看不起投機取巧嗎？

其實這一節，整篇都是從不同的角度，告訴大家富有與勤勞不是因果關係。但是人的認知其實是很難改變的，一節的內容也未必能說服大家的大腦。畢竟我們都已經進入市場經濟這麼久了，但這些上個時代流傳下來的「勤勞觀」仍然大行其道，仍然在人們的頭腦中佔有一席之地。這種觀念上的謬誤，其實遠比「貧窮」本身可怕。

有一本書叫《窮人的經濟學：如何終結貧窮？》（*Poor Economics: A Radical Rethinking of the Way to Fight Global Poverty*），裡面研究了全世界貧窮的人們，最終得出

了一個結論：窮是遺傳的。為什麼？因為觀念和認知是遺傳的。在一個相信只「勤勞致富」的家庭長大的孩子，你又如何能期待他能實現財富自由呢？

四、選擇比努力更重要

在《戰國策》中，有這麼一個小故事，很適合作為本小節的開頭。故事是這樣的，魏王想攻打趙國，魏國大臣季梁覺得有問題，想勸說魏王放棄這個念頭，於是跟他說：「微臣今天上朝的時候，在魏國的街道上遇見了一個遊人。他駕著車，一路往北邊走。

臣問：「駕車要到哪裡去啊？」

遊人答：「我打算去楚國。」

臣問：「你打算去楚國，可是為什麼往北走呢？楚國在南面哪。」

遊人答：「沒關係。我的馬是天下最快的馬。」

臣答：「你的馬固然是天下最快的馬，但這不是去楚國的路呀。」

遊人答：「沒關係。我也準備了很多的路費。」

臣答：「你的路費固然多，但這仍然不是去楚國的路呀。」

遊人答：「沒關係。我的馬夫駕車技術也是天下最好的。」

故事講到這裡，大家應該都知道了吧，這就是成語「南轅北轍」的故事。當時魏國大臣季梁想透過這個故事勸說魏王以德服人，而不是以武壓人。今天我想透過這個故事，告訴大家選擇的重要性。

馬雲很厲害，但如果他當時沒有選擇互聯網，他未必是今天的馬雲。李嘉誠成功了，但他如果沒選擇創業，現在可能也不過是個寂寂無名的小夥計。人生處處是選擇，昨日的選擇奠定今日的成就，今日的選擇決定明日的結果。一旦在大的人生路口選擇錯了方向，那就像魏國那位遊人一樣，縱使有天下最快的馬、有最多的盤纏、有最好的馬夫，也不過是離楚國越來越遠罷了。

不過，選擇固然很重要，但只要做對選擇就一定能成功嗎？當然不是。人們總喜歡將選擇和努力放在一起討論，總想將兩者比較出個高低之分。如果非要比，平心而論，我認為選擇比努力更重要。但在成功的路上，在追求財富自由的路上，從來不是只有其一，沒有其二。所以，在本節，我更想告訴大家的是選擇和努力的關係，以及如何在不同階段利用選擇和努力互相配合，實現財富自由！

努力是財富自由的船身

我先來問大家一個問題，現在有兩份工作機會擺在你的面前，你會選擇哪個？

第一個：工作職位與你的專業匹配，工作內容你也感興趣，薪水不錯，未來發展前景也不錯；第二個：工作職位與專業不匹配，工作內容也不會，待遇也一般，也沒什麼上升空間。

你們會選擇哪個呢？你們肯定會說，這還用選？肯定是第一個啊。是啊，所有人都會選擇第一種，但在現實生活中絕大多數人得到的卻是第二種。為什麼呢？因為我們還沒走到選擇這一步，就已經被淘汰了。第一份工作往往有很高的門檻限制，名校畢業、研究生學歷、幾年相關工作經驗，重重筆試、重重面試，才有機會拿到 offer；而第二份工作呢，幾乎只要你願意投簡歷，就可以得到了。

很多堅信選擇最重要的人，都有一本聖經，叫《這一生，你為何而來》（*The Highest Goal: The Secret That Sustains You in Every Moment*），作者是現代的選擇學大師麥可．雷伊。書中有這麼一句話很經典，「選擇很重要，但努力才是選擇的基礎。只有持續不斷地努力獲得足夠的人生積累，我們才有選擇的機會和能力」。

很多人往往唯讀到第一句「選擇很重要」就闔上書去衝了，哪知後面還有這半句：不努力的人，沒有選擇的資格。就像我之前講過的敲石頭的故事，選擇什麼角度敲固然重要，但只有持續不斷地完成敲這個動作，最終才有可能將石頭敲碎。

但努力這件事，其實也有很多門道可以講。努力並不是埋頭閉眼苦幹，而是計算收益並高效地去努力。

低品質的努力等於無用功

不知道大家平常喜歡運動嗎？我個人很喜歡跑步，因為我非常喜歡運動的「極點」。所謂極點，就是人在劇烈運動初始階段，由於身體體能的原因，會很容易產生疲憊感，包括渾身痠痛、呼吸不暢、心情低落等，在初始階段會覺得運動簡直是世界上最痛苦的事情（僅限本身不喜歡運動的人），但一旦堅持過這個階段後，就會變得非常輕鬆，不論是身體機能還是心情都特別爽！而這兩個階段的臨界值，就是極點。

極點出現的原因有多種解釋，我比較欣賞的一種是因為人性本懶，初始階段的抗拒感是人的一種自我保護，其目的就是為了讓你早早放棄。因此，這種極點也不只是在運動中出現，在學習、工作、人際關係、習慣等很多地方都會出現。而很多人，正是把大量的精力耗費在了極點前的初始階段，寧願隔靴搔癢，卻始終不願也沒有突破極點。

為什麼呢？因為這樣不僅看上去有努力了，而且努力的時候也沒有那麼痛苦。比如學英語時，邊追劇邊背英語單詞，卻死活不願意開口對話；工作時，埋頭苦幹瘋狂加班，卻堅決不願意反省思考，這些都是看似努力實則無效努力的例子。

人性本懶，要從初始階段跨越極點進入第二階段，是非常痛苦的一件事情；而根據上一小節的討論，我們的文化本身又很鼓勵勤奮努力，兩個疊加在一起，我們無形中就會陷入無效努力的旋渦之中。還記得高中課堂上你記的筆記嗎？把老師的話一字一句記了下來，但最後考試還是一塌糊塗，這些都是一樣的道理。

鄧超有部電影叫《銀河補習班》，裡面有句臺詞讓我印象深刻：人生就像射箭，夢想就像箭靶。如果連箭靶都找不到，你每天拉弓還有什麼意義？這讓我想起我剛畢業的時候，每天都在拉弓，每天都在射箭，但沒有箭靶，我又如何判斷自己是否射中呢？

努力是財富自由的基礎，但前提是，你在正確的選擇下，真正地努力了。否則，你的努力或許只是竹籃打水一場空罷了。而至於如何判斷自己是在無效努力還是有效努力呢？很簡單，復盤每一次努力，思考每一次努力。磨刀不誤砍柴工，復盤讓你的努力更有效果。

選擇是財富自由的船帆

方向錯了，可能永遠到不了終點。不知道大家現在還聽過「柯達」這個品牌嗎？二〇〇〇年時，柯達利潤高達一百四十三億美元，是二〇〇一年佳能利潤的十倍，是底片行業絕對的王者。但柯達選擇錯了，就像南轅北轍的那位魏國遊人，越強也不過是倒下得越快罷了。隨著互聯網浪潮崛起，數位時代來臨，柯達本來有很多次轉型的機會，但它卻一次又一次地選錯，直到在二〇一三年申請破產。

對於一個曾經的行業霸主來說，我們可以評判柯達不夠努力嗎？當然不是。當你所處的行業正在沒落時，那麼不管你有多優秀、多努力、多厲害，也難抵頹勢。這就像是一輛即將抵達終點站的火車，無論車上的客人是誰、司機是誰，都無法阻止它停下來，也都必須要下車。

對於人生，有各種各樣的比喻。我認為人生最像沒有賽道的馬拉松，在這場比賽裡，處處是賽道，處處是分岔路口，每一次選擇都影響了你的下一次轉折。尤其是在大學、專業、行業、結婚，這些大的分岔路口，一次選擇影響了你半生的努力。在經濟學中，有一個投資理念叫「價值投資」，股神巴菲特便是價值投資的忠實信眾。很多人也去學習價值投資，但卻很少有人能像巴菲特一樣有那麼高的收益。為什麼呢？巴菲特老爺子自己回答了這個問題：因為沒有人願意慢慢變富。

很多人選擇了價值投資，又在半途受到各種各樣消息的誘惑，選擇拐彎去了新的分岔路口；而一旦走上新的路，那就與最初的價值投資背道而馳了。人生的終點有很多個，但財富自由的終點只有一個，如果你在關鍵的分岔路口做了錯的選擇，那很有可能就永遠無法抵達終點了。

揚帆起航，駛向財富自由

「千里黃雲白日曛，北風吹雁雪紛紛。莫愁前路無知己，天下誰人不識君。」大家可知道這首詩的作者是誰？正是著名的大唐邊塞詩人高適。縱觀高適的人生，也經歷了選擇與努力的互相成就。高適幼年喪父，按照計畫他本來是透過科舉考試博取功名，但大唐人才濟濟，他第一次科舉考試就落榜了。按照我們的思路，才考了一次而已，我們再接再厲繼續努力，定能成功上岸。

但高適可不是這樣想的。此時正逢北方遊牧民族進犯大唐，他在對當前考試的成功率、自身的武學等做了綜合判斷後，決意棄筆從戎，透過軍功來改變命運。但計畫趕不上變化，他在邊塞並沒有如想像中那般以一敵百、贏得軍功，待了兩年後，仍然沒混出什麼名堂。

天生我材必有用，此處不留爺，自有留爺處。他的這些選擇被一個刺史張九皋看在了眼裡，因賞識推薦他去做了一個地方小官。

有官做，依照我們來看，等著穩穩升遷唄。但高適拒絕，他覺得這樣的小官生活沒有意思，再次辭去官職，奔赴邊塞。從第一次科舉考試，到二度奔赴邊塞，高適這次終於做對了選擇。他受邀加入哥舒翰幕府任掌書記，從此一路開掛，終成為將軍身邊的高級參謀。

為什麼舉高適這個例子呢？因為我們的人生大多數都和高適一樣，邊選擇邊努力，邊努力邊選擇，在不那麼順利的發展中，最終取得成就。借由這位邊塞詩人的人生，我想告訴大家人生沒有回頭路，人生也沒有誰比誰更重要，努力重要，選擇也重要。

所謂選擇，只是足夠的努力過後所贏來的獎勵；而所謂努力，也只有在正確的方向上，才有意義。所以正如我開頭所說的，一個人想要實現財富自由，是需要選擇和努力的互相配合。選擇和努力是財富自由的左膀右臂，相輔相成。

很多人看似因剎那之間的選擇走向人生巔峰，但其實背後皆是多年廢寢忘食的努力罷了。在我看來，努力是一艘船，而選擇則是船上的帆，一艘好船必須要與好帆配合，才能揚帆起航，駛向財富自由的人生彼岸。

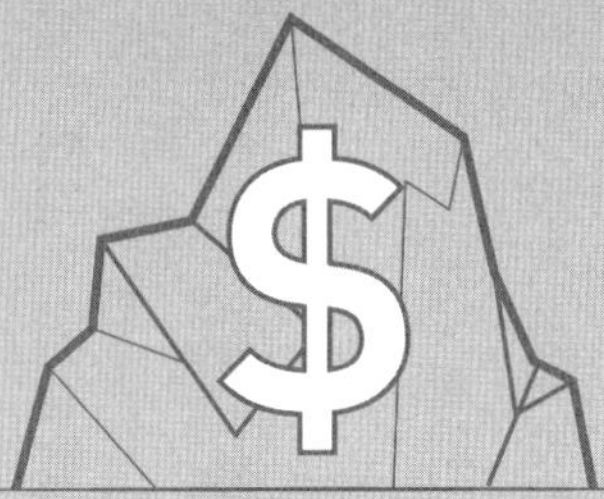

第四章

創造財富經典六條法則

一、優秀的品格是成功的基石

在現實中，一夜之間實現財富自由的概率很小。即使是中彩票，也需要長年累月的堅持提升概率。所有實現財富自由的人，都是經過超脫常人的聰明與堅忍不拔的努力，而逐步實現的。

風靡世界的英國搖滾樂隊披頭四，在憑藉單曲《請取悅我》成名前，他們已經在音樂的道路上辛勤耕耘了整整六年；著名的咖啡連鎖大佬星巴克，也是在艱苦創業十年後，擁有了上萬家連鎖店，在全世界四十多個國家，插上了綠色的女妖旗幟！

縱觀這些成功者的發展歷程，他們都是在已經擁有聰明才智的基礎上，不斷堅持、創新、努力，最終鑄就一段傳奇。成功是財富自由的附屬品，任何的成功不是一蹴而就的，任何的財富自由也不是一夜之間建立的，它們都需要日日月月年年的不懈堅持，從而在風起浪湧的現實中紮根生芽。

大家聽過竹子定律嗎？竹子生長時，前四年的時間，僅僅只會長幾公分。從第五個年頭開始，竹子會突然以每天三十公分的速度飛速生長，最後將在六週內，長到十幾公尺之高。從表面上看，只有竹子露出地面，人才能看到它的生長，但其實在前面的四年，竹子在地底下的根向四周綿延了幾百平方公尺。

竹子生長是如此，做事做人同樣如此。老子在《道德經》中就曾說過，「大器晚成」，最隆重的器皿往往需要經歷千萬道程式，需要數年乃至數十年的心血而成。引申到這裡，便是要想實現不能輕易實現之事，比如成功、比如財富自由，那必然要經歷像竹子一樣的磨礪。就像「天將降大任於是人也，必先苦其心志，勞其筋骨」。

像竹子這樣的品質，我將其稱之為「耐心」。大事需要耐心，這世界上有多少人選擇對了路，但最終因為沒有耐心，沒有熬過那紮根的四年，最終錯失勢如破竹的未來？不過耐心固然重要，但實現財富自由需要的，除了耐心還有很多。

優秀的品格是成功的基石，這句話聽起來很爛俗，像是成功學的雞湯。但你有沒有想過，為什麼這句話如此爛俗，卻又如此流行呢？原因很簡單，大道至簡，大道也至俗，因為這句話的的確確是對的。只要是對的話，哪怕再爛俗，我們也必須要聽。

因此，本節我將為大家分享除耐心外，實現財富自由最重要的三個品格。這三個品格你都聽過，但你從未理解，或者你理解，但你從未實踐。不如從本節開始，試著理解並且實踐吧。

優秀的品格一：財富自由需要謙卑的心

什麼叫謙卑？很多人對於謙卑的理解，是對主管畢恭畢敬，對有錢人躬身服從，總之是要出賣自己靈魂的卑劣品質。但其實並不是。一個謙卑之人，他失敗時，有勇氣承擔責任，有智慧看清事實，不甩鍋不卸責；他成功時，不驕傲自滿，聽得進去不如自己的人的勸告，也不盲目聽從比自己厲害的人的誘導。一個謙卑之人，他有一顆開放的心，能裝進去所有正確的，也能裝進去所有錯誤的。

古代有位神醫，名叫扁鵲。他有一手好醫術，能夠妙手回春、起死回生，是一個自身實力非常強的人，人人都很尊敬他。有一次，齊國國君想要封賞扁鵲，賜他為「天下第一神醫」。尋常人聽到這樣的賞賜，那可不高興壞了，畢竟自己有實力，磕頭跪謝便是了。但扁鵲卻拒絕了。

扁鵲對齊國國君說，自己並非天下第一。他還有兩個哥哥，哥哥們的醫術比他更勝一籌。他說二哥扁雁能見微知著，在絕症只出現很小的症狀時，便能發現並進行治療；而大哥扁鴻則更是厲害，能「慧眼識病」，只需看一眼便能診斷出這個人患何病，又該如何治療。與兩位哥哥相比，他不過是個普通大夫罷了，只是在病人生病的時候，能夠給予治療，哪裡受得起這「天下第一神醫」的稱呼。

故事畢竟只是故事，扁鵲兩位哥哥的醫術，顯然被他們的這位弟弟神化了。但從扁鵲的描述中足以看出，他是一個十分謙卑的人。即使當年他的醫術不是天下第一，在他這種謙卑之心的推動下，他定會不斷鑽研醫術，不斷進步，最終必然會成為「天下第一神醫」。畢竟從我們今天所知的歷史來看，青史留名的神醫正是扁鵲。有謙必有驕，歷史上有扁鵲這樣強而不驕的人，也必然有驕傲自滿之人，比如楚霸王項羽。

項羽出身名門望族，又年少有為，年紀輕輕便成為一方霸王，可謂是春風得意。當他收到劉邦稱王的消息時，怒氣衝天，道：「旦日饗士卒，為擊破沛公軍！」在後續與劉邦的皇位爭奪戰中，劉邦一直謙卑禮遇賢士謀臣，而項羽卻一直憑藉心意率性而為。在項羽眼中，他是天之驕子，是一方霸王，稱王稱帝是眾望所歸，自信心可謂是爆棚。正所謂驕兵必敗，劉邦雖然沒有他本事大，但卻善用人，一條反間計便打敗了霸王。

其實一直到兵敗烏江時，項羽都有翻身的機會。他有能力、有聲望，只需要改掉驕傲的毛病，捲土重來還是有極大勝算的。就像杜牧所寫的，「勝負兵家事不期，包羞忍恥是男兒。江東子弟多才俊，捲土重來未可知」。可惜啊，這次敗的不只是一場仗，而是項羽的驕傲之氣。東山再起不難，難的是放下自己的驕傲自滿。

優秀的品格二：財富自由需要無畏的勇氣

財富自由之路，若是一馬平川，那今天人人都可以實現了。實現財富自由就像爬山，在山腳下時人人都想著一躍而起，問鼎頂峰，但又有幾人能真的實現呢？坦蕩的大道一帆風順，幽寂的湖水風平浪靜，當你選擇了攀登高峰，就註定你要有遠勝於常人的勇氣。

第二次世界大戰時，有一位將軍叫巴頓。巴頓將軍以無畏的勇氣，在戰場上屢戰屢勝，成為令人聞風喪膽的將領，被稱為「血膽將軍」。其實一開始巴頓將軍也不是這麼厲害的，他小時候其實還是有些膽小的，但他很聰慧，早早認識到勇敢是成功者必需的品質，於是他便開始鍛練自己。

美國有一所軍校叫西點軍校，巴頓將軍便來自這裡。在軍校學習時，他以「不讓恐懼控制自己」為座右銘，不斷提醒自己去克服恐懼。在日常的軍事練習中，巴頓將軍總是挑最難、最讓他恐懼的項目去做，尤其是在最後的狙擊訓練中，他瘋狂到將自己的頭顱伸進火線區練習膽量。

巴頓對於恐懼的控制和對於勇氣的練習，讓他終成為一個剛毅果斷的人。這樣的性格也讓他在戰爭中，不論面對什麼樣的恐慌局面，也始終保持無畏的勇氣。聽說他在作戰時，最經常說兩句話，分別是，「果斷，果斷，永遠果斷！」、「進攻，進攻，再進攻！」

巴頓將軍最有名的指揮戰役是布列塔尼戰役。在這場進攻德軍的戰役中，身為集團軍司令的巴頓，讓第八軍冒著暴露位置陷於困境的風險，向德軍防守的布列斯特發起進攻。當時當這道軍事命令下來時，所有參謀都持懷疑態度，認為這過於激進和冒險。但在巴頓看來，德國空軍已被逐出附近戰場，德國的裝甲軍也多被牽制在其他戰場，正面打起來其實是自己佔有優勢，於是不顧其他人的反對，以極大的勇氣下了這個進攻的命令。最後的結果不說大家也知道了，必然是成功了。

當然，聽完巴頓將軍的故事，大家可能覺得這位將軍對於勇氣的追逐有些「走火入魔」，我也並不是鼓吹大家成為一個以身犯險的人，只是想透過這位傳奇將軍的故事告訴大家，勇氣的力量。

勇氣並不是莽撞，而是基於你正確的判斷，去合理地接受風險的衝擊。就像布列塔尼戰役，如果不是巴頓這種異於常人的勇氣，或許他早已屈服於眾人的意見，規規矩矩打仗，那可能就是另外一個失敗的故事了。

實現財富自由像是登山，曲折蜿蜒的山路上，有驚險的懸崖、誘人的風景、溫馨的休息站，有各種各樣的誘惑，我們要有勇氣走過獨木橋，也要有勇氣拒絕風景，還要有勇氣抵抗誘惑。就像著名詩人汪國真說的那樣，「既然選擇了遠方，便只顧風雨兼程」。既然選擇了要成為實現財富自由的少數人，便要有勇氣去經歷風險，有勇氣堅持到底！

優秀的品格三：財富自由需要終生的自律

不管你懂不懂經濟學，只要你對錢感興趣，必然都認識股神巴菲特。我讀過很多巴菲特的文章，很多人問他財富的祕密，他回答最多的是多閱讀。他現在九十多歲的高齡，每天仍然堅持閱讀。同樣，著名的企業家比爾．蓋茨，到現在每年都會發佈一個「蓋茲書單」，向年輕人推薦自己每年讀完認為最有價值的十本書。

這麼多厲害的人都在堅持閱讀，而我們呢？我問過我身邊一圈人，有閱讀習慣的寥寥無幾。除了追劇打遊戲等娛樂項目，有正向回饋習慣的人也沒有幾個。

有一個健身APP我很喜歡（雖然一次都沒用過），主要是因為它的slogan叫「自律即自由」。是的，財富只是收穫，自律才是種子。當你日復一日種下自律的種子，才能在秋天的時候，迎來滿樹的收穫。

明代有位著名的大師王陽明曾提出「知行合一」的概念。什麼叫知行合一？在我看來，知是認知，而行就是自律。就像各位讀者讀完本書，知道了如何建立自己的財富底層邏輯，完成了認知迭代，但如果不將這套認知堅持用在日常的生活中，那這套認知，又有什麼意義呢？

大家有沒有發現這麼一個趨勢，現在經濟條件越好的人，身材越是纖瘦，他們的孩子玩手機的時長也更短？至少從我對客戶觀察的情況來看，絕大多數都是這樣的。為什麼呢？因為經濟條件好的人，他們懂得自律的價值。很多時候，我們以為彼此之間拚的是智商，到最後其實拚的都是自律的能力。

我在大學的時候，有一個室友，他是我少年時第一個教會我自律的人。大學嘛，總是有各種各樣的娛樂活動，看電影、聚餐、打遊戲等等，他從來不參與這些。我們睡懶覺時，他在看專業書；我們打遊戲時，他在學英語……可能年輕的朋友對這樣的人很嗤之以鼻，覺得他真是無聊，失去了大學的意義。我們當年也是這麼想的，所以他沒什麼朋友。但當我年長些，便對這樣的人心生佩服。

他能在如此年輕時，就能知道自己要什麼，並且能控制自己的欲望朝著目標前進，這是一種幸運，也是一種超于常人的能力。這種能力在當時或許與周圍人格格不入，但拉長時間來看，他早已和我們拉開了巨大的差距。在我們班所有的同學中，他並不是最有錢的，但他卻是過得最自由的。這種自由既有財富上的，也有心靈上的。

所謂量變引起質變，一日的堅持不難，難的是日復一日的堅持。如果你身邊有一個你覺得特別優秀的人，可以觀察下或者與他聊聊，他必定在某個地方十分自律。

二、吸引力法則：凡事向內求

先來說，什麼是吸引力法則？簡單而言，就是你越關注什麼，就會越容易吸引什麼。吸引力法則的核心旨意，在於教導我們透過調整積極的思維模式，以正向的語言和情緒，讓生活趨向於我們希望的方向發展。

吸引力法則並不是一個新的概念，它其實已經發展了幾千年，只是在近幾年才被正式賦予了「吸引力法則」的名字。

俗話說，你是誰，就會遇見誰。這普世的真理之中，蘊含的便是吸引力法則的道理。很多生活中看似註定的事情，其實歸根結底都源於我們自己。說到底，我們是自己人生的主人，我們的生活也由我們的行為所創造。

吸引力法則經常被用在戀愛中，但其實在追逐財富自由的路上也是一樣的。根據「吸引力法則」，你是誰，你認為自己是誰，你便會吸引什麼樣的人。只有你成為最好的你，才能吸引最好的他人。

物以類聚，人以群分

《道德經》說「德者同於德，失者同於失」。什麼意思呢？有德行的人，會和同樣品行端正的君子在一起；沒有德行的人，則會遇到同樣性情卑劣的小人。

在中國文藝史上，有兩位著名的大師，一位是京劇名家梅蘭芳，一位是書畫大家齊白石。他們兩個人還有這麼一段故事：剛來京城時，齊白石還沒畫出名，而梅蘭芳那時已經是天下皆知的名角。在一次偶然的書畫展中，梅蘭芳看到了一幅作品，驚為天人，一問作者正是齊白石。兩人後來在一次宴會中遇到，就此畫展開討論，竟然說了幾個時辰，發現彼此志趣相近，當場結為至交。後來，梅蘭芳還拜入齊白石的門下，學習繪畫，真是一段友誼佳話。

我們在前面的小節就提到過，靠追來的人脈，風還沒吹就散了，而靠自身吸引而來的人脈，才真正能稱之為你的財富和資源。的確如此，打鐵還需自身硬。一個人只有本身能力還不錯，才能吸引更多優秀的人、事、物。

同頻才能共振，同頻並不是指財富有多大，名聲有多響，地位有多高，最重要的是這個人怎麼樣。正所謂話不投機半句多，相似的價值觀和品格秉性才是共振的基礎。我因為職業的關係，在生活中見過不少厲害的人，有企業家、教授，也有高管，他們都有一個共同點，那就是不斷提升自己的內在。

用他們的一句口頭禪來說，即術精的人很多，但道同的人卻少之又少。什麼叫道，道就是產生吸引力的源頭。

《莊子》說：「夏蟲不可語冰，井蛙不可語海。」對於夏天出生夏天死亡的蟲子來說，冰天雪地是它無法認識的世界；對於一輩子住在井底的青蛙來說，遼闊無邊的大海亦是它無法理解的事物。

動物如此，人亦如此。從生物進化的角度來看，人不過是高級動物罷了。遇到什麼人，說什麼話，展示什麼樣的本事，是一門極高的學問。與雄鷹翱翔者，必是俊鳥；與虎豹合謀者，必為野獸，不如好好問問自己，你已經是俊鳥或者野獸了嗎？

你若盛開，清風自來

《道德經》中說：「企者不立，跨者不行。」聽起來很複雜，意思很簡單，就是說你踮著腳雖然看起來高，但很快也會掉下來；你跨大步子，雖然短時期內走得多，但不能長久。

綜合起來，還是那句老話，你是什麼樣的人，就會吸引什麼樣的人。要是我們能力不夠強，即使運氣好有人幫了我們一把，如果後續我們不提升自己，這意外得來之物也最終會失去，甚至有時候還會引起某些人的嫉妒，認為你德不配位，會招來災禍。

有這麼個故事，唐朝有個人叫李建，屬於死讀書類型的，雖飽讀詩書，但不通大義，甚至還有些笨愚。他的父親在一次意外中，救了當時的宰相房玄齡。為了報答救命恩情，宰相提出滿足其一件事。他的父親想了想，提出讓自己的兒子李建當官。唐朝雖然有科舉制，但高官舉薦也是可以做官的。於是這位李建在當朝宰相的舉薦下，成了一名縣令。若是有才能之人，此時借得這陣風，必能席捲而起，但可惜，李建並非這樣的人。他本來性格就懦弱，在當縣令期間，稍微有黑惡勢力一威脅，他就睜一隻眼閉一隻眼，產生了許多冤案。長此以往，他最後也被人告發，入獄砍頭。

民間有俗語，「德不配位，必有災殃」，正是這麼個道理。當你的本事和你所取得的成績不匹配時，就會陷入失衡的狀態，很容易便會陷入絕境之中。當我們沒有達到基本的及格線時，即便遇到機會，也難以有所成就；即使有貴人相助，也未必就是好事。

在追求財富自由的路上，最重要的是不要老想著借別人的風，而是懂得讓自己成為有風的人。我身邊的聰明人，都是看起來比較愚笨的，外面流行什麼熱鬧什麼，他們並不在意，他們時刻關注自己的節奏、自己的步伐，路是自己走出來的，當走得夠遠夠多了，自然會遇見已經在前面的人。所謂大智若愚，不就是如此麼？

我前幾天看到過這樣一句話，說：「如果你想將路上的野馬收入囊中，最好的辦法不是去追馬，而是開始在你的馬廄裡種草。等到來年綠草蓬勃時，馬自己就會來到你的馬廄之中。」大道至簡，很多道理和思維其實都是相通的。與其費盡心思要鑽進那些社交圈，倒不如沉下心來，種一片草原，圈子會散，但你的草原月月年年只會越來越豐盛。

還記得「罷黜百家，獨尊儒術」的董仲舒嗎？他有這麼一個故事：年少時的董仲舒非常喜歡讀書，他的父親見狀特地為他修築了一座花園，讓他在學習之餘也調節下心情。修建花園的第一年，花園有了雛形，正逢明媚春日，家人多次邀請他來花園遊玩。但董仲舒卻搖搖頭，埋頭苦讀。修建花園的第二年，花園有山有水，姊姊們都玩得很開心，也邀請他來玩，但他仍然頭也不抬地繼續讀書。到第三年，花園終於修好了。漂亮的花園裡都是聞聲來遊覽的人，父親也邀他來觀賞風景，他仍然捧著書在房內苦讀。

「三年不窺園，一朝成名師。」這便是儒學大師董仲舒，他憑藉非凡的能力，歷經四朝，位極人臣。什麼是吸引力法則，這便是最好的例子。凡事向內求，桶能裝多少水，取決於容積多大；我們能獲得多大的財富，取決於我們自身的能力。

就像那句俗套的雞湯文，「你若盛開，清風自來」。俗歸俗，但道理就是這麼個道理。

凡事向內求

古語曰：「君子務本，本立而道生。」當我們從本質上升級了自身，所得所求，便皆是水到渠成的事。

戰國時期有個很厲害的人，叫蘇秦。蘇秦師從鬼谷子，學習縱橫捭闔之術。幾年之後，他學成出山，變賣家產作為路費到各國去遊說，但卻一直沒成功。為什麼呢？因為這個時候的蘇秦還是個初出茅廬的年輕人，對天下大勢只懂課本上的道理，不懂真正的實踐，難以戳到各國君主的痛點上，自然難以讓他們聽從自己的觀點。換句話來說，依照蘇秦現在的實力，能見到君主都不錯了。

經歷這次失敗後，蘇秦再接再厲，邊研讀兵書邊分析天下大勢，等到他第二次學成歸來時，意料之中地實現了夢想。蘇秦成為歷史上唯一一位身居六國相位的政治家，並成功實現了自己合縱抗秦的謀略。

佛家有云：「境隨心轉，相由心生。」吸引力法則，說白了，就是你眼裡看到的，就是你心中所想，而你心中所想，便是你的認知所現。窮人家的孩子不認識古寶名玉，富人家的公子也不知什麼叫吃糠嚥菜，就像大詩人李白寫的那句，「小時不識月，呼作白玉盤」，沒有見過白玉盤的人能寫出來嗎？

吸引力法則聽著有點像心靈雞湯，但我們仔細去品這背後的道理，其實還是在講認知這回事。作家張德芬曾這麼說，你的外面沒有別人。什麼意思？就是你遇到的所有事物，最終都是另一個你。他們的所有表像，都是你的認知的體現。而不斷升級自己的認知、反覆運算自己的思維，就能讓自己這雙眼更清明，也就能遇到更優秀的人。

最後再分享一個小故事，有個人逛市集看到了碗，他隨手拿起一個與其他的碗碰撞，想透過聲音來判斷碗的好壞。但他一連碰了數個，都只聽到沉悶的聲響。這個人很失望，搖搖頭打算走了。老板見狀攔住此人，從攤上隨便拿出另一只碗，遞給他。沒想到，這個碗隨便觸碰其他的碗，皆聲音清脆，這個人十分驚奇，立刻買下。老闆笑著收下錢，說了這麼一句話，兩碗相撞，須兩者皆是上品才能發出清脆鳴音哪。

碗與碗是如此，人與人也是如此。次品入不了上品者的心，自然無法產生共鳴。如果你是柏楊，自會有俊鳥來棲；如果你是大海，自會有百川來聚。怕只怕，不是柏楊而不自知，不是大海而不自知，一股腦按著錯誤的路往前走，那抵達的必然不是我們想要的終點。

有句俗卻真的話，叫「屁股決定腦袋」。每個人都有自己的位置，都只能看到局限的視野，但如果只從這個局限去理解廣袤的世界，那必然充滿了無知的想像。建立財富自由的底層邏輯，其實就是一種認知反覆運算，要不斷打破固有的認知，把自己往地上摔碎，再一片片撿回來。

三、專注熱愛的事情會帶來財富

如果有一天，當你拚盡全力完成一件事情，不是為了養活自己，也不是為了完成任務，而僅僅是因為你熱愛它，並且想用它來幫助更多人的時候，那你就離財富自由不遠了。熱愛是通往財富自由的一條捷徑，堅持這條路走到底，不斷反覆運算和成長，金錢的收穫只是順其自然的果實。——索達吉堪布《做才是得到》

什麼是熱愛？

在中國的教育環境中，我們一直都被教導如何透過勤奮和努力取得成功，卻很少有人跟我們提過「熱愛」這兩個字。在歐美的教育理念中，恰好與我們相反，最核心的一條觀點便是：幫助孩子找到他熱愛的事情，並且鼓勵他全力投入其中。

我有一個海外的同事，他是一個英國人，有一個八歲的女兒，非常喜歡騎馬。在她第一次體驗騎馬課的時候，馬術教練就瘋狂地誇讚她，說她對騎馬的感覺很棒！女兒體驗完也覺得騎馬感覺不錯，於是同事就花了大錢幫孩子報了課。他的女兒因為喜歡上課，學得也非常快，上了十三個小時的課程就參加了三級馬術考級。依照常規學習，一般至少需要學習七十個小時以上才能參加考級。

除了精、進、快，孩子還非常快樂。我有一次去他們家，小女孩一個人在讀一本很厚的書，名字也很枯燥，我都不太記得了，只知道是一本和養馬有關的書。每逢放假，也不玩電腦，就是跑到臭氣熏天的馬棚裡去餵馬，笑得非常燦爛。

看到他們家女兒這麼快樂且這麼有成就，另外一個中國同事也心動了，把自己兒子送了過去。那孩子自己就說過不喜歡騎馬，他爸卻覺得小孩子懂什麼，強行把孩子送了過去，結果第一節課就從馬上摔了下來，住院住了幾個月。我本來以為是個調皮搗蛋的小傢伙，結果去探病的時候，卻發現那小男孩其實很聰明，手裡抱著一本百科全書在認真地讀，見我來了，還拉著我問各種各樣的問題。

當時我就感慨萬千，對「熱愛」這個詞，有了一個更深的理解。不過，不懂得讓孩子追尋熱愛，那是上一輩家長的思維方式所導致的錯誤的教育方式。在我們新一代人中，當我們學會革新思維，尋找到自己的熱愛，自然也不會再強迫孩子去做自己不喜歡的事情了。所謂言傳身教，正是這樣。

熱愛與天賦

何為天賦？在我看來一般有兩個條件：第一，你在某個方面，天生比身邊的人有更強的感知力、更深的理解力、更快的反應力。當我們同時去做這件事時，在同樣的時間和條件內，你能做得比大多數人更好。第二，在做這件事的過程中，你能體會到巨大的快樂。即使失敗了，你雖然也很氣餒，但最終你總會充滿好奇心和鬥志地重來，直到成功。

如果你在某件事情中具備以上兩條，那恭喜你，這就是你的天賦所在。而大多數情況下，你的天賦即你的熱愛。如果很不幸不是的話，那可以努努力，把天賦變成熱愛！

當你從事自己所熱愛的事情時，因為你很擅長，便會覺得輕鬆簡單，又十分有成就感！而對於其他人來說，則會覺得這件事又難、又枯燥，當然也很有可能看著你瘋狂工作的時候，愁眉苦臉道，這個人也太努力了！太能吃苦了！說不定還會以你為榜樣去鞭策自己，吃得苦中苦，方為人上人。但其實對你而言，這不是苦，而是甘之如飴的快樂。

在零售業發展史上，有一位奇才，叫山姆．沃爾頓。他就是一個有銷售天賦且極其熱愛銷售的人，堪稱是為銷售而生。童年時，他透過送報紙來賺零用錢，結果給報社帶來了最大的訂單；上大學時，他只用了短短幾個月就成了學校裡朋友最多的學生，而且憑此當上了學生會主席。沃爾頓說，當學生會主席十分簡單，只要你周圍公尺內有人走近，你笑著對他們打招呼，他們就會成為你的朋友，他們打選票就能讓你當上主席！

聽起來簡單，但真正做起來肯定沒這麼簡單。先別說我們敢不敢見人就微笑，關鍵是就算我們笑了，十有八九別人會覺得我們是神經病，拔腿就跑了。但這就是沃爾頓的天賦所在，能很快和陌生人建立聯繫，並且讓其對自己產生信任！

山姆．沃爾頓之所以能成為世界零售大佬，除了天賦外，更多還因為一種宛如信念感般的熱愛。因為縱使有天賦，人也不可能避免失敗，當你失敗時，最先開始懷疑的，必然是你的能力。而能堅持扛過失敗的黑暗之谷的人，才能走到最後，此時支撐他們的力量，便是熱愛。對於零售業，沃爾頓真是做一輩子都不覺得累，更不想退休。據新聞報導，這位老爺子在臨去世前還在巡視店鋪，病危的最後一週時，還堅持將經理喊來詢問業務情況。這樣的例子，還有被稱為「文盲老太」的布魯姆金太太，一百零三歲退休，一百零四歲去世，去世前還在店裡視察。

聽到這樣的故事，對於有些人來說，可能忍不住吐槽，都快去世了，還對這些身外之物戀戀不捨，未免欲望太大了！的確，我贊同這樣的觀點，但我同時想說的是，如果你想實現財富自由，欲望是你必須有的東西。在前面幾節我其實也講過，人類因欲望而進步，世界因欲望而發展。你要的越多，這個世界給你的才會越多，如果你沒有欲望，那又何必追求財富自由呢？吃糠嚥菜對你來說，不是一種苦修行嗎？

看清自己的內心，明白自己的目的地，這樣在衝刺的路上，才不會迷路。我們既然想要成為擁有財富自由的少數人，那必須與大多數人有所區分，在這位零售傳奇的身上，我所看到的是熱愛的力量——生命不止，熱愛不息。如果你有一天也能這樣因為熱愛做一件事，你覺得自己會不成功嗎？你覺得財富自由還會遙遠嗎？

山姆．沃爾頓曾經在一次採訪中說，回顧一生，如果讓他重新選擇，他仍然會選擇銷售。那是他的熱愛，不隨任何事物變化的熱愛。

熱愛是一種投資

有一個很有名的ＴＥＤ演講，演講者在三分鐘之內，揭祕了各行各業的成功者們成功的八個祕密，而第一條就是關於熱愛。出於熱愛去做一件事，錢自然會來；而如果因為錢去做一件事，錢未必會來。就像ＴＥＤ的演講者們，本身個個都是行業內的佼佼者，都是因為熱愛而成功的人。

國外有一個零售公司叫 Zappos，他們曾經首創過一個「辭職獎金」的激勵制度。簡單來說，就是入職的新員工會先進行培訓，培訓結束後，正式簽約前，如果你不喜歡公司，可以自由選擇離開，並且還會拿到一千到四千美元不等的辭職獎金。在實行這個制度後，大部分新員工都會選擇留下來，並且留下來的人都做得很好。

為什麼呢？因為這個制度巧妙地篩選出了，真正熱愛這個公司、真正熱愛這份事業的人。如果只是為錢而來，離開就能得到獎金，大不了再去入職其他公司，這筆獎金相當於白得，獎金篩選掉了這批人。在企業的發展中，如果招收到的都是心懷熱愛的人，那這份熱愛會成為公司繁盛發展的驅動力，而這種驅動力是很難培養出來的，只能透過篩選來完成。

許多人確定是否做一件事情，第一件事就是計算，權衡付出和收穫是否成正比。不能說這種思維不對，但把正確的思維用在了錯誤的視角上，自然也是有問題的。有些事情，當前計算是虧本的買賣，但拉長時間線就未必了，上學就是最典型的一種。我身邊就有這樣的朋友，很早就輟學不讀了，憑藉時代的紅利和好運氣賺了些錢，在同學聚會時反而出口嘲笑他那些讀博的同學，發自內心覺得別人不如自己。

從當前看，那位讀博的同學一無名二無利，看起來確實窮酸。但再過幾年呢，當時代的紅利過去，當好運氣用盡，他有辦法始終守得住財嗎？而那位讀博的同學卻很有可能一飛沖天，憑藉真本事在自己的領域發光發熱，最終說不定能成為對國家有所貢獻的人。

科技天才賈伯斯曾說過，他工作的動力並不是錢，而是創造出這個世界上最偉大的產品。的確如此，人賺不到認知以外的錢，你的認知決定了你的高度，你的高度決定了你的眼界，當我們眼中只有錢的時候，就會不自覺陷入狹隘的視野之中，最終反而無法得到金錢。與此相反，若是一開始我們站在更高的角度，把握大局，精準出擊，財富自由其實只是一種適時的獎勵。

現如今，在全世界的科技公司中，蘋果獨樹一幟，成為創新的風向標，甚至是其他各大科技公司創新的風向標。有這麼一句話，叫如果你追求卓越，你自然會成功；但如果你只追求成功，那你未必會成功。革命性的交通工具飛機，不也正是在萊特兄弟的熱愛下完成的嗎？他們當時沒有錢、沒有人、沒有任何人的支持，唯一有的是熱愛和天賦。他們有準確的判斷，飛機是未來的趨勢；他們有非凡的能力，自己可以去完成這份事業；他們堅信自己的路，最終也在一次次失敗中成功試飛。

日本著名的企業家稻盛和夫將人分成三種類型：第一種，不燃型，即點著火也燒不起來的人；第二種，可燃型，即點火能燒起來的人；第三種，自燃型，沒人點火自己就能熊熊燃燒的人。現實中大部分人都屬於第二種，說直接點，就是抽一鞭子走一步的人，這樣的人最終只能擁有大部分人的結局，餓不死但也實現不了財富自由，需要終其一生為生計忙碌。而我們現在要做的，就是讓自己從第二種人進化成第三種人。

進化本身是一件很難的事情，人類經過數億年的進化才到今天的智人。而我們之所以提到熱愛，是因為熱愛是一個能加速進化的催化劑。你可能讀完這篇文章，第一反應是自己好像沒有什麼熱愛的事情，那很簡單，將自己的擅長變成你的熱愛，或者在諸多討厭的事情中，選擇沒那麼討厭的一個方向，精心深耕。

四、控制情緒就是控制財富

美國著名的社會心理學家費斯汀格講過這樣一個小故事：一個男人早上起來洗漱時，將自己新買的手錶放在了水龍頭邊，他的妻子擔心被水淋濕，便好心將手錶收起放在了餐桌上。結果，他的兒子起床後來吃早點，一不小心就將新手錶摔到了地上，壞了。

男人十分生氣，把兒子喊過來狠狠訓了一頓，又說了一頓妻子，妻子明明是出於好心，自然不高興被指責，兩個人三言兩語吵了起來。吵完男人急匆匆開車去公司上班，快到公司才發現自己沒帶電腦，今天要展示的方案都在電腦裡，只好掉頭又回家。

回家後家裡沒人開門，妻子去送孩子上學去了。男人只好給妻子打電話讓她早點回來，妻子送完孩子慌慌張張就往家趕，結果路上不小心發生追撞，賠了一筆錢後終於回到家，男人也終於拿到了自己的電腦。等他再匆匆忙忙趕到公司的時候，會議已經開始了十五分鐘，劈頭蓋臉挨了一頓罵。

好不容易熬到了下班，又因為一件小事和同事起了紛爭。回到家，妻子說自己因為遲到被扣了全勤獎，而他的兒子今天本來要參加足球比賽，因為早上被罵情緒不好，直接被淘汰了。一天結束了，男人躺在床上回想今天所有的事情，最終發現所有問題的源頭便是那塊手錶。縱使手錶被摔壞這件事無法控制，但如果他沒有那麼生氣，後面的事情都不會發生。

這便是赫赫有名的費斯汀格法則，即生活中的10%是由你遇到的事情組成的，而另外的90%，則是由你對這些事情的反應決定的。換個角度，也就是說如果一個人的情緒不夠穩定，那他的生活也極有可能是一團亂麻。在這個每天醒來壓力便撲面而來的時代，很多時候，控制情緒就是在控制你的財富。

不要讓你的情緒，影響你的財富

《莊子．山木》篇中，講過這樣一個故事：有個人要出遠門，乘船趕路時，遠遠望見前面有艘船要撞上來。這個人氣得破口大罵，覺得這個船夫真是不長眼。結果等船真撞過來時，他發現這其實是個空船，船上根本沒有人，而他剛才的那股怒火，也瞬間就沒了。

這個故事很有意思。生氣時，我們總以為自己惱怒的是事情本身，但其實往往與事情無關。就像這個坐船人，他生氣的並不是撞船這個行為本身，而是這船上有沒有人。一件事對我們造成了不好的影響，我們是否生氣、是否發怒，本應取決於這件事對我們的影響程度，但我們偏偏對結果視而不見，卻選擇對人大動干戈。

我有一個朋友，某年他們公司在「雙十一」做S級的大促銷活動時，團隊中有人在主推款的商品補貼上出了些紕漏，最終導致公司比計畫中多花了人民幣十萬元左右。後來經調查，這件事的負責人有四個。四個人召開了一次會議，會上有三人堅決不為此事承擔責任，把問題甩來甩去，本來應該理性進行的追責，變成了幾個人的內鬥，甚至差點成了潑婦吵架。在這次會上，有個年輕人始終沒有開口，一直在電腦上敲敲打打。後來等幾個人吵累了，他站起來主動擔下了責任，說他會去和主管匯報此次事情。其他三人自然樂得高興，順其自然地將問題全推給了這個年輕人，「反正他來得晚嘛，年輕人就是要背鍋的」。

每年年底，公司都會調整升職加薪的名單。在那年年底，我朋友毫不猶豫地提了那個年輕人，並且向我講起了這個故事。我很好奇，便問這個年輕人有什麼本事。朋友說，其實在大型活動中，出問題是在所難免的，老闆一般心裡都會有預期，也不會苛責下屬。但出了問題如何處理，才是最重要的。那個年輕人他沒有推諉責任，來匯報時，是帶著解決方案的，並且從頭到尾，情緒都十分穩定。他開公司這麼多年，見了有上萬人，能保持情緒穩定的人，真是少之又少。

我當時沒有太理解，只覺得不就是不吵架當包子吧，有什麼了不起的？但後來當我逐漸成長，有了自己的團隊，要走更遠的路，這個時候才發現，控制情緒實在是太重要了。

生活中突如其來的變化實在是太多了，且這種變化多是不好的。我們雖然無法控制變化本身，但我們可以改變自己應對變化的態度。現在如果讓我選擇合作夥伴，在能力判斷中，情緒穩定至少能占50％。

孔子云，「不遷怒，不貳過」。我們生氣時，不要將怒氣遷於他人；生活不順心時，也儘量不要對他人發脾氣。人在極度生氣時，說出來的話如利刃，傷人傷己。與其為了一時的情緒發洩，倒不如調整心情，將注意力專注在事情本身上。

不要讓你的情緒，影響你的投資

經濟學是最能練習情緒的學科，投資也是最能體現情緒管理價值的事情。有人說，投資＝9％的知識＋1％的執行力＋90％的情緒管理。可以一句話來說，穩定的情緒是實現成功投資的關鍵。

當我剛開始步入投資市場時，輸或贏，基本都是因情緒而定。當我心情不好時，會過於悲觀，做出極其保守的投資決定；而當我心情太好時，又會過於樂觀，做出極其激進的策略。而這些結果的回饋最終又會影響我的情緒，導致我不斷陷入這個投資最忌諱的情緒循環中。

一個普通人在擁有第一桶金後，必然要透過投資才能實現財富自由。投資最大的敵人，便是情緒。我因為是學經濟學的，身邊有很多人都是投資高手，當然也有很多人是投資菜鳥。對比兩者的區別，策略、判斷這些都在其次，最大的區別還在於情緒。即使兩個人同時買了同一檔基金或股票，菜鳥看見上漲就腎上腺素飆升，上躥下跳，到處詢問要不要賣；而高手則波瀾不驚，只是看一眼表示自己知道了便不再關注。同樣，當基金或股票開始下跌時，菜鳥更著急了，也不再詢問任何人了，起手就賣，賺個幾百塊錢就高興得不得了；而投資高手，這個時候仍然是無動於衷，他會根據自己的投資組合，理性判斷，做出選擇，甚至對有的投資高手來說，跌也是在他們的意料之中。因為從巴菲特的價值投資角度來說，有些股票的確會偶爾高於其本身價值，最終也自然會回歸其真實價值，不過這些都是我們後面的知識了，到時候再細講。

心理學家武志紅說：「人要對自己的情緒敏感一些。」這個敏感，並不是說讓你對生活中的每樣事物都產生情緒波動，而是說讓你關注情緒波動時內心的變化。當乘船人對有人撞船這件事生氣時，他生氣的到底是什麼？當我們看見股票漲就興奮，看見跌就恐慌，我們的情緒變化是因為什麼？說得玄妙點，萬事萬物有其根源，情緒流露的只是表像，我們要學會透過表像去挖掘深層的邏輯。

荀子云：「怒不過奪，喜不過予。」人生在世，我們能掌控的事情少之又少，既然有一件事是我們可以掌控的，何不努力將其應用自如呢。在可以開懷大笑的時候，自然流露，而在需要理性判斷的場合也可以保持理智。常言道：「心甯則智生，智生則事成。」我們只有學會控制情緒，才能學會控制人生中的其他事物。

理財入門書《富爸爸窮爸爸》中曾說過，人的心智有三個層次，分別是低等心智、中等心智和高等心智。生活中的大部分人，其實都處於低等心智，主要表現在對自己理解的事物表示固執的信任，而對未知的事物則充滿戒備和恐慌。與低等心智相對，高等心智則是對理解的事物仍然表示懷疑，對未知的事物仍然保持好奇，不過分迷信某種事物，也不過分害怕某種事物。

有心者可以多留意身邊優秀的人或者是自己欣賞的企業家，十之有九都是情緒穩定的人；如果他們不穩定，他們身邊的智囊團中必定有一個穩如泰山的人。說白了，人與人的差別其實就是在細微之處，學會控制情緒，能做到這點的人其實已經遠超常人了。

如何控制情緒

既然情緒穩定如此重要，那我們要如何控制自己的情緒呢？關於情緒控制的學習方法，不論是書籍還是課程，都有許多專業人士為大家分享。術業有專攻，我不能賣弄自己不懂的知識。不過我可以跟大家分享我的一些經驗。

正如大家所知，我也是從一個愣頭小子過來的，在經歷了生活的磨練之後，才逐漸養成情緒穩定的習慣。我用過的方法有很多，簡單說幾個。

1 **暗示調節法：**即在即將發怒的時候，停下來幾秒，用心理暗示的方法說服自己。《武林外傳》中的郭芙蓉用的便是這招，「世界如此美好，我卻如此暴躁，這樣不好不好」。對照此例，大家可以設置自己的提示語，比如我的是，「吃得苦中苦，方為人上人」。聽起來有些土，但很實用，畢竟求取財富自由之路，就是要歷經千辛萬苦的。

2 **情緒日記法：**即透過日記記錄的方法，將自己的情緒得到合理的釋放。其實這是一種透過個人興趣來釋放情緒的方法，如果你喜歡寫字，可以透過日記來完成；如果你喜歡運動，也可以選擇你喜歡的運動方式來消解情緒。同理，音樂緩解法、訴說緩解法，本質上都是透過我們享受的方式來說明我們更好地控制情緒。

3 數顏色法：這是我花費高價上的情緒練習課中，一位老師教給我的，我今天將它分享給大家。這是一位美國心理學家提出的情緒控制方法，它的具體做法是這樣的，當你十分生氣，想要破口大罵時，請嘗試停下手頭的事情，找一個沒有人的地方，可以是會議室、臥室、戶外、洗手間等，然後嘗試這樣的練習：第一步，先環顧四周；第二步，在心中默默回答，這些周圍的物品都是什麼顏色，如牆壁是白色的，桌子是木色的，沙發是綠色的，文件櫃是灰色的……就這樣回答十二個問題，你就會發現你的情緒會好很多。我一開始覺得這個方法有點傻，一直不願意嘗試，直到有一次我真的是被氣到捶牆，但那又是一個非常重要的場合。我只好暫時離開在廁所休息，在回答完十二個物品的顏色後，我的心情好了很多，那種怒不可遏的感覺也逐漸消散，甚至我還有種「不就這點事嗎？」的輕鬆感，後來因為沒有受情緒的影響，處理事情的速度快了許多，很快就將那個項目搞定，得到了對方主管的認可。

拿破崙曾言，能控制好自己情緒的人，比能拿下一座城池的將軍更偉大。情緒是人的本能，人人都會發脾氣，所以稀缺的是會控制脾氣的人。當然了，就像認知的革新非一本書之力能完成，控制情緒也非一日之功，希望大家要有耐心堅持，有信心完成，很期待大家成為新的自己。

五、複利法則，積累財富

大家認識吳曉波嗎？如果關注經濟或財富領域的話，應該聽過他，他是非常有名的財經作家，代表作品有《歷代經濟變革得失》、《激蕩三十年》、《跌盪一百年》等。看他現在這麼厲害，其實一開始也只是一個默默無聞的窮小子。

他剛工作時，一個月薪水只有人民幣七十塊，不低但也不高，勉強能生活。他埋頭苦幹了幾年，但看不到變化，生活還是緊巴巴的，錢也沒有，成績也沒有。於是在一九九六年的時候，他做了一個決定——要透過寫作賺錢。下定這個決心後，每天一下班，他就把自己關在房間裡，開始埋頭狂寫。他也不設具體的目標，寫幾百字不嫌少，寫幾千字不嫌多，一年三百六十五天日日如此，不停地寫啊寫啊。

要成為頂級作家，的確需要天賦；但如果只是想寫出來一本叫好的作品，勤奮的練習其實是可以彌補天賦的缺失的。吳曉波就這麼寫啊寫啊，終於在第四年的時候，他的《大敗局》大賣，一年就賣出去了兩百多萬冊，成為暢銷全國的熱門書籍，他也如願賺到了自己的第一桶金。到今天，吳曉波已經是國內知名的作家了，還創立了「藍獅子」財經圖書這個品牌，名利雙收。如果有人熟識吳曉波，肯定會說那他可是復旦畢業的呢，本身底子就好。這話我無法反駁，成功必然是需要一定的基礎的，但擁有基礎並不代表就能成功。復旦每年畢業那麼多大學生，又有幾個走到了吳曉波今天這樣的位置？人們只看到他一夜之間的成功，卻沒有看到他那四年日復一日地耕耘，而正是這樣日復一日地耕耘，最終帶來了他的人生逆襲。這在經濟學中，便是鼎鼎有名的「複利法則」。

什麼是複利法則？

複利法則，其實是投資理財時經常提到的一個名詞。愛因斯坦說「複利的威力遠遠超過原子彈」，也因此，複利法則被稱為「世界第八大奇蹟」。

聽起來好像很厲害？那到底什麼是複利法則？它其實是一個經濟學公式：S＝P(1+ i)n，其中，P為本金，i為利率，n為時間，S為本利和（本金＋利息，也可以稱之為複利），代入進來，也就是：複利＝本金（1＋利率）時間。

舉個數學的例子，來直觀感受下複利的魔力：假設小明工作三年存十萬元，他用這十萬元去買了年收益率為20％的股票，那麼根據複利公式，大約三年半後，小明的十萬元就會變成二十萬元，而且這期間，小明什麼都不用做……

從公式中，我們可以看出影響複利結果的影響因數有：本金、利率、時間，即如果你的本金越多、利率越大，且持有週期越長，你的財富就會自己越滾越多。這其實也解釋了很多有錢人，即使每天無所事事也仍然很有錢的原因——他的錢在幫他賺錢。

同時，從這個公式中還能得出，如果想實現收益的正向增長，本金和利率就必須為正值，這在經濟學中可能是一句廢話，但遷移到生活的其他事項中，其實是：複利＝在正確的方向上堅持＋做正確的事情。

關於複利還有一個非常有名的小故事。有一位國王，他有一位非常聰明的宰相，他也非常喜歡這位宰相。有一天他心情甚好，於是想賞賜這位宰相，問他：「宰相，你有沒有什麼想要的啊？本王都賞賜給你。」這位聰明的宰相想了想，笑著說：「回大王，我想要這個棋盤上的所有麥粒。」國王一聽，哈哈大笑：「這簡單，來人倒麥粒。」一身邊的侍衛立刻抓起一袋小麥就要倒，卻被宰相攔住。原來這位宰相所要的麥粒，是在六十四格的棋盤上，第一格放一粒麥，第二格放兩粒麥，第三格放四粒……以此類推，每格都比上一個格的數量多一倍，這樣算下來，當放到第六十四格時，則需要一千八百四十四億億顆麥粒……全國的糧食加起來都不夠賞賜給這位宰相，這就是複利法則的威力——它看似不起眼，卻在時間的沉澱下，逐漸發出耀眼的光芒。

如何利用複利法則實現財富自由？

現在我們已經知道了什麼是「複利法則」，那麼對於普通人來說，如何能有效利用「複利法則」實現財富自由呢？

第一步：尋找自己的增長指數

簡而言之，就是確定你的目標。如果你現在沒有目標，那就請停下來好好想想，制定一個可拆解的目標。「我想實現財富自由」，這種不算目標，更像是一個願景；「我想二十年內實現財富自由」，這種才是一個目標，能夠圍繞它進行下一步拆解的，才算是一個合格的目標。

再比如說，我是一個新博主，開始只有十幾個粉絲，我的目標是在一年內漲粉五萬，那下一步就要拆解成每個季度、每個月、每個星期、每個影片，要達到什麼樣的目標，再圍繞這些小目標，制定小的運營策略，就會在最終無限接近你的目標。當然，前提也必須是你的目標是合理的，如果太大、太廣，便失去目標的指引意義。

第二步：尋找自己的增長點

當制定好目標後，我們下一步要做的就是想方設法完成這個目標。關於如何完成目標，有很多種方法，每一種方法都是一個潛在的增長點，我們要做的，就是找到最適合自己的增長點。

比如我是一個作家，我要不斷地寫出好的文章，凡是能幫助我提高文章品質的，都是我的增長點。可以是擴大閱讀量，一是學習其他優秀的作家怎麼寫，二是不斷升級反覆運算自己的認知思維，為讀者提供更具價值的內容；還可以是不斷練習寫作，不管每天有沒有寫作任務，都先拿起筆來寫，就像吳曉波一樣，幾百字不嫌少，幾千字不嫌多，透過經年累月的練習，肯定是可以提高的。除此之外，還有很多其他的方法，這些方法都是我的增長點，都能幫助我在成為作家的路上不斷躍遷。

以此類推，當你制定了一個合理的目標後，一定要去尋找增長點，當你找到的增長點越多，你的目標完成的可能性就越大。

第三步：接受開始階段的瑣碎、痛苦和平庸

還記得我講過的敲石頭的故事嗎？很多時候，我們所做的事情，就跟石匠敲石頭一樣，一開始的一百下是看不到任何變化的，但所有毫無起色的量變最終會變成瞬間的質變。也和那位宰相用棋盤裝麥粒一樣，一開始的幾格是非常少的，但越到後面卻越來越多，最終甚至能超過一個國家的糧食。

很多時候，我們總是難以堅持去做一件事，往往是因為看不到成績與變化。堅持運動一個月，體重好像一點都沒變，放棄了；堅持閱讀一個月，認知好像也和以前一樣，放棄了；堅持背單詞一個月，詞彙量也沒什麼變化，放棄了……回想你的過往，是不是很多事情，都是因為無法看到短期的利益而最終選擇了放棄，一次又一次，最終變得一事無成？

對於第三步我個人是深有體會。因為一開始寫作時，我和吳曉波差不多，當然我比他寫的時間更長，差不多寫了五六年吧，都屬於無人問津的狀態。在這五六年裡，我一直是邊工作邊業餘寫，首先我工作的壓力是很大的，因為它承擔著我所有的開支；其次我沒有很多娛樂時間，因為工作之外的業餘時間並不多，分給寫作之後更少，我

可能連出去和朋友吃頓飯的時間都沒有。但這些都還不算是真正的困難，來自內心一次次的審問才最讓人難以堅持下去：我適合寫作嗎？我到底有沒有才華？我是不是在浪費時間……諸如此類，然而這項堅持最終的結果，想必大家已經看到了。

有時候成功並不是需要天賦，而是需要耐得住寂寞。如果你選對了方向，請一定堅持住前期的痛苦與平庸，相信我，當你熬過去之後，一定會看到一個全新的自己！

第四步：學會認錯和止損

還記得我們之前講過一節，討論選擇和努力哪個重要——選擇決定你的方向，努力決定你是否能完成。如果你選對了路，堅持才會走到終點，否則，就永遠是在原地打轉。而如果有那麼一刻，你確信自己選錯了，那這個時候，學會轉彎才是最大的本事。

認錯和止損在經濟學中是很常見的操作，因為凡是依賴人判斷的，一定會犯錯，只不過是大和小、現在還是未來的區別，而面對錯誤，認錯和止損是最關鍵的。同樣生活中也是如此，雖然我堅持寫了五六年才得到回饋，但在這個過程中，我身為自己的讀者，是可以感受到自己寫作能力的緩慢進步的，有進步便意味著方向沒有錯。

如果當你選擇了你的目標，並且按照增長點堅持完成了一定的時間，卻沒有看到任何效果的話，那就說明哪裡出了問題。這個時候一定要停下來思考和復盤，只有這樣才能避免在錯誤的方向上浪費時間。

複利金錢，你可以收穫財富；複利知識，你可以收穫智慧；複利運動，你可以收穫健康；複利快樂，你可以控制情緒；複利情感，你可以收穫幸福；複利生活，你可以收穫可掌控的人生。

投資大師查理·芒格曾說：「我不斷地看到有些人在生活中越過越好。他們不是最聰明的，甚至不是最勤奮的，但他們是學習機器，他們每天夜裡睡覺時都比早晨醒來時聰明一點點。」是的，假設你每天成長1%，按照複利公式計算，一年後，你相比一年前成長了三十八倍！何等可怕！

但當然，複利有多麼美麗，就有多麼殘酷。在複利人生的前期，充滿了枯燥的堅持、自我的懷疑與日復一日的無望，絕大多數人走著走著，就會偏離複利的道路，朝著短期的誘惑奔去。人人都說人生是一場馬拉松，需要長遠的目光和長遠的規劃，但一路上卻不斷有人因為各種原因掉隊，有人後來趕上來了，有人再沒站起來過，因為看不見希望的前期，太難了。

說到這裡，其實你已經感受到了複利法則的魅力。一個小小的公式，不僅解釋了複雜的經濟現象，還能將人生哲理融匯其中。把不同領域的問題代入這個公式，你可以得到不同的答案，難怪它會被稱為「世界第八大奇蹟」！

六、腦力致富，管理財富是一種能力

如果你未婚，你知道自己有多少資產嗎？流動資產和不動產，總共有多少？如果你已婚，除了以上兩個問題外，你知道你的家庭負債率健康嗎？你的家庭資產投資占比合適嗎？

如果這些問題，你都能回答上來，那恭喜你，你的財富管理能力已經超過90％以上的人！但我想，絕大多數的讀者應該是不清楚這些問題的。很多人總有一個誤解，那就是有錢了才能去理財，有財富了才能去管理財富，其實不然，只有先理財才能有錢，只有先學會管理財富，你才能積累財富。

在財富管理的世界裡，只存在兩類人，一類是需要財富管理的人，一類是不知道自己需要財富管理的人。很多人對於財富管理的理解，只是停留在狹義的投資理財層面。財富管理包括投資理財，但並不僅限於此，比如：購買基金、債券、保險、股票等理財產品是財富管理，投資買房產也是財富管理，為孩子儲蓄教育金是財富管理，讓孩子參加暑期海外遊學也是財富管理，高端健康體檢是財富管理，購買增值的奢侈品也是財富管理……事實上財富管理包括我們生活的方方面面。

學習財富管理，就像是挖一口井，挖井的過程很辛苦，但一旦挖得夠深，就會一輩子都不愁水喝。就像投資大師巴菲特和芒格，兩位老人已將近百歲，卻仍然在財富領域屹立不倒。管理財富是一種能力，並非一個門檻。正所謂授人以魚不如授人以漁，管理財富是漁，而財富是魚。

什麼是財富管理？

二〇二一年中國人民銀行對財富管理下了一個定義：所謂財富管理，是貫穿於人的正規生命週期，在財富的創造、保有和傳承的過程中，透過一系列金融與非金融的規劃與服務，構建個人、家庭、家族與企業的系統性安排，實現財富創造、保護、傳承、再創造的良性循環。

當然這是專業的定義，拋開這些複雜的詞彙，簡單來說，財富管理能幫助我們解決三個需求：第一個是生存；第二個是生活；第三個是享受生活。當我們初入職場，剛開始獨立時，面臨的第一個難題就是滿足生存的需求，能自己賺錢養活自己，滿足自己的基本生活；而隨著我們年紀逐漸長大，需求也會逐漸提升，我們也有了更高的要求，要有自己的生活，下班喝杯小酒、週末聽個脫口秀、假期去旅個遊等；在這個基礎上，有了自己的生活之後，我們還會想要享受生活，比如喝杯好酒、可以坐在前排聽脫口秀、出國遊等等。

可能有人說，這些不都是錢嗎？說來說去，還是得先有錢。滿足這三個需求都需要錢，但到底是多少錢呢？到底多久能實現呢？是不是一想就虛無縹緲？那財富管理，就是能幫你加速的一個催化劑。

再問大家一個問題，你們知道財富與資產的區別嗎？不知道就對了，這才是你們閱讀本書的價值所在。簡單來說，資產是財富的外在體現。我們經常說的資產一般有：銀行存款、房產、理財產品、股票債券、股權、保險、海外資產等等，可以說有多少類金融產品，就有多少種資產。資產也有好有壞，能隨著時間帶來增值的是好資產，與之相反的則是需要儘快清空的爛資產。說到這裡我想起有人這麼比喻爛資產，說爛資產就像是一個渣男渣女，看起來人模人樣，實則持有時間越長越虧。這樣講，或許大家就能理解了。

財富管理最大的功能，其實是讓我們的財富保值，同時幫我們抵禦風險。關於通貨膨脹，我們在前面講過它的厲害之處，疫情過後，想必很多人也體會到了它的可怕。開公司的老闆們，會明顯發現原材料、租金、人力成本都在上漲，幾乎一天一個價格；

而過日子的我們，也會越來越容易感受到錢的不經花。

舉個最近剛發生在我身上的例子，我去年的時候心血來潮買過一台烤麵包機，價格是人民幣二十八點八元，非常便宜，並且到手也很好用。後來因為長時間不用被我扔掉了，結果扔了又想吃烤麵包了，只能再買一台。我這人比較懶，就去歷史訂單搜了同款，結果在今年這款麵包機價格已經變成了五十七點六元，整整翻一倍……一般來說，如果不是價格超敏感人群，很難發現通貨膨脹。但到翻了一倍這種情況，真的是非常誇張了。

而財富管理，一方面透過投資理財，幫助我們抵消通貨膨脹的壓力；另外一方面藉由合理的資產配置，說明我們預防風險，比如新冠肺炎的黑天鵝事件，如果配置了重疾險、手頭有靈活的錢，就能很好抵禦經濟下行時的壓力。

三個財富管理思維

1 找到你的第一桶金

學習財富管理思維，不一定需要財富；但當你學會了這套思維，必然要用於財富。

所以，回到財富自由最原始的母題，擁有自己的第一桶金。其實對於普通人來說，在任何時候，在任何年紀，積累財富都很重要也很必要。因為第一桶金越多，你藉由財富管理這根槓桿撬起的就越多，就越早實現財富自由。

如果你現在年紀在二十五歲以下，那可以先不考慮存錢。在我看來，如果二十二歲大學畢業，二十五歲其實是很難存下錢的。如果賺到一些錢，可以先拿去滿足自己的需求，比如上學時買不起的東西、去不了的地方、做不了的事情。人生是一場馬拉松，要時而鬆時而緊，二十五歲是需要放鬆的，並且在花錢的這個過程中，你會得到經濟獨立的快樂，你也會因此得到和社會建立連接的機會，從而在這個過程中不斷去探索自己，挖掘自己擅長什麼、不擅長什麼。

說白了，這個時候花的錢，其實也是一種投資。投資給你的心智，讓你能快速成長為一個社會人，能儘快成熟起來。二十五歲之後，在我看來是一個畢業生真正成為社會人的階段，在這個時候，就要建立自己的財富管理體系，並且養成一個健康的收入支出消費習慣，從未來的子女規劃到近期的個人發展，從日常消費到大額支出，都要認真考慮，開始為自己的第一桶金而努力了。

當然二十五歲這個分水嶺，是我根據自己的經歷所得出的經驗性結論，並不科學。每個人都有自己的成長週期，有些人可能剛畢業就能很快成熟，有些人可能需要更晚點，這些都很正常，但當然越早越好。

2 做好風險管理

在新冠肺炎出現之前，你能預料到會發生這樣的事情嗎？肯定不會，也因此這種無法預料的負面事件，被稱之為風險。財富管理貫穿一個人的人生始末，它不僅要幫助我們解決金錢難題，更重要的是幫我們做好風險管理。這個其實在前面提到過一點，但這裡單獨再提也是因為它實在是太重要了。

在這場為期三年的疫情中，有多少企業倒下了，又有多少企業乘風逆襲了？我敢說，能逆襲的企業必定有個有風險意識的老闆。同樣，我們個人也是。當企業倒下時，被波及最多最嚴重的還是我們普通人，如果疫情期間你被裁員了，又沒有風險儲備金，可能連最基礎的生存都是難題。

未來有太多不確定性，有人身風險、財務風險，還有市場風險，任何一種風險都會造成你收入的中斷，只能靠曾經積累的財富池自循環來活下去。如果這個時候你提前為自己保留了一份風險預備金，那你就會更容易度過風險期，哪怕是疫情期間被困在家中幾個月，手中有糧，心中不慌哪。

在風險應對中，保險是比較常見的一種。所謂保險，其實就是保障風險，作為抵禦風險的一道屏障線。提起保險，可能很多人心生厭惡，這個多是由於早期保險市場不成熟、行銷手段不成熟給大眾留下的負面印象，其實到現在保險已經是一個非常正規且合理的理財產品。在標準的家庭資產配置方案中（後文將詳細概述），有一個很大的配置板塊，就是留給保險的，作為家庭抵禦風險的壓艙石。

保險的種類有很多，簡單來說，一般有保障型保險，比如壽險、健康險等，還有儲蓄型保險。如果正處於事業上升期的家庭，建議大家配置好醫療險、重大傷病險、意外險和壽險，做好最基礎的保障。其中，醫療險和重大傷病險，能夠幫助家庭轉移健康風險，意外險和定期壽險則可以幫助家庭轉移意外風險，四者合作，則可以為家庭抵禦幾乎所有風險。當然，我並非是專業的保險配置專家，這些建議是來自於我購買保險的經驗，只是作為分享。

現在整個保險市場都非常的成熟，會根據不同家庭的情況，透過大資料和專家評估量身定制，雖然每年會花點錢，但買來的卻是安心。我們都知道海面上的冰山很危險，因為看得見，但我們不知道海面下的冰山更危險，因為看不見。風險就是這樣，當它沒有發生時，一切似乎安好無事，但一旦發生了，則是追悔莫及。

3 人生最重要的兩筆錢

在漫長的人生中，有這樣兩筆錢我們一定要提前預備好：一筆錢是自己的養老金，因為它關係著我們晚年的幸福；一筆錢是孩子的教育金，因為它關係著孩子這輩子的幸福。

根據最新的人口普查資料，中國六十歲及以上人口占比為19％，已然超過了國際標準資料10％，甚至要翻兩倍，這足以可見老齡化社會的嚴重。在這樣的情況下，我們很難把自己的養老寄希望於國家，或者說有國家養老固然好，但如果發生意外也就是風險時，我們還是有一筆自己的養老專用款會更好。所以，在你的財富管理規劃中，一定要將養老錢計算進去。

另外一個則是孩子的教育金。在我寫這本書的時候，ChatGPT火遍全球，很多人都在擔憂自己未來會不會被機器人取代。在我看來，很有可能，但在被取代的同時也會需要更「控制」機器人的職位。在未來的社會中，將不會存在永久的工作，只會有永久的學習能力、將舊事物遷移的學習能力，這也是未來的孩子們所必須掌握的技能。

再苦不能苦孩子，再窮不能窮教育——簡單卻樸素的真理，對於孩子的教育，是一定要捨得下血本的。這種可不是鼓勵大家去卷，而是去引導孩子的天性，去培養他的創造力。畢竟未來凡是能標準化的，都是機器人的領域，而不能標準化的創造力，才是人的長處所在。

第五章

獲取財富的智慧

一、致富的底層邏輯

錢解決不了所有的問題，但錢能解決80％的問題，並且緩解剩20％的問題。人要活著，要想充分地感受這個世界的豐富多彩，錢很重要。關於錢，我們都聽過這樣一句話，叫作**「你永遠賺不到你認知範圍以外的錢」**。什麼是認知？我們整本書其實都在討論認知，而這節則是討論最逼近財富自由的問題，即致富的底層邏輯是什麼。

在我看來，致富的底層邏輯是「價值交換」，價值可以是金錢，可以是人脈，可以是知識，可以是美貌，可以是陪伴，甚至可以是感情。甲之砒霜，乙之蜜糖，商業的本質就是價值的流通，致富不過是商業最終的結果，所以其邏輯自然是相通的。

工薪族的價值交換

我們完成九年義務教育，再上高中，經過千軍萬馬的高考「獨木橋」進入大學，大學畢業進入社會，找到工作，開始工薪族的一生。這是絕大多數普通人的一生，對於他們而言，最大的價值交換，其實是用時間來交換金錢。

為什麼互聯網大廠喜歡員工加班？難道他們不知道很多時候員工待著也不能創造價值嗎？原因很簡單，因為很多個人價值其實是無法被有效的成績衡量的，比如一個項目完成了，每個人都很努力，那獎金是有限的，該如何分配呢？當個人價值沒有那麼突出時，工作時長便成了一個決策依據。

工作三年、工作五年、工作十年，如果你的個人價值一直沒有得到提升的話，那便永遠逃不開時間的魔咒，永遠會有人盯著你今天上了幾個小時的班，永遠會以時長來衡量你的產出；只有當你的個人價值溢出到為他人可見時，你便上了一個臺階，從時間交換金錢，變成了個人價值交換金錢。這也是為什麼很多公司並不會卡管理層的上下班時間，因為他們已經脫離了時間的魔咒。

商人的價值交換

很多人在工作幾年後便會得出一個真相：替別人工作，這輩子是無法實現財富自由的，即用時間換金錢，是商業世界裡門檻最低、效率最低的方式。在認識到這個真相後，很多人便會琢磨著自己出來做，有的人選擇去創業，有的人選擇開飯店，有的人選擇做個人IP，總體而言，這都是在做一門生意。對於商人來說，它的價值交換會更複雜，但因此產生的價值也會更高。

我給大家講個小故事，大家就明白了：有一個小男孩叫作小明。小明很喜歡玩具槍，它的市場價格是兩百元。小明才上五年級，他沒有錢，但他有一個全新的奧特曼。於是他有了這麼一個主意——他先找到一個喜歡奧特曼的人，換了一個玩偶；再找一個喜歡玩偶的人，換了一套哈利波特繪本；再找到一個喜歡哈利波特繪本的人，換了一個耳機；再到一個需要耳機的人，換了一輛自行車；再找到需要自行車的人，換了兩百元。最終，小明拿著換來的兩百元錢，如願以償買到了自己的玩具槍。

在這個故事中，商人可以是賣玩偶的、賣繪本的、賣耳機的，也可以是賣自行車的，在一個巨大的交換齒輪中，有無數個交換的點，而商人則駐紮在這些點上，利用齒輪的運轉，賺取自己的利益。

在電視劇《大江大河》中，小伙子把村裡做的饅頭，運到城裡去換糧票，因為城裡人不做農活吃得少，糧票比較充裕。同樣的一斤饅頭，在城裡就比村裡換得多。他拿著賣饅頭換來的糧票，又在村裡買更多的麵粉，蒸更多饅頭，再運到城裡去換糧票。當糧票越來越多的時候，他就可以將糧票換成錢了。聽起來很土的一個故事，卻實實在在地體現了商業世界的「擴大再生產」的資本邏輯。

這兩個故事核心都是一個運轉邏輯，即你有物品Ａ，小明有物品Ｂ，市場價值上Ｂ價值大於Ａ，但小明需要Ａ，且他沒有Ａ。這個時候，當你提出「用我的Ａ來交換你的Ｂ，怎麼樣？」時，小明99％會答應。因為雖然Ｂ的市場價值大於Ａ，但是在他的需求中，Ａ的價值是大於Ｂ的，因此，小明會選擇用Ｂ來交換Ａ，你也會得到市場價值更高的Ｂ。以此類推，你再用Ｂ去交換價值更高的Ｃ，一步一步透過價值交換，實現財富自由。

這個邏輯透過文字表達或許有些繞，但大家多讀幾遍其實就能理解，其實就是四個字「價值交換」。理解了這個邏輯，你可能很快就會意識到一個問題，我怎麼能找到恰好對Ａ有需求的小明呢？這就牽涉出了一個概念，叫作「用戶需求」。

如何找到小明？如何發現需求匹配的客戶，延伸到每個行業都是不同的課題，但展現出來的方式都大同小異，無非是「流量」二字。當Ａ物品被人看到的次數越多，相應被匹配的客戶就會越多，價值交換就會越快，那麼Ａ物品怎麼才能被最多人看到呢？答案很簡單，去人最多的地方，也就是現在互聯網行業中最愛講的「去流量最大的地方」。

尋找流量，有千變萬化無數種方式，但簡而言之其實就兩種：一種是追隨，一種是吸引。

1 追隨流量

追隨流量，其實說白了，就是打廣告，即哪裡有人，我就去哪裡；哪裡人多，我就去哪裡。廣告收入，也是很多互聯網產品的大頭收入，比如今日頭條、抖音、小紅書，都是透過廣告來賺錢，而投廣告的廣告主們，不論是企業，還是個人，都是透過追隨流量的方式，來獲取流量的。

追隨流量還有個說法，叫作「行銷」——很多詞聽起來花俏，其實本質都是一樣的。行銷公司、廣告公司所做的事情，就是高效地說明客戶追隨流量，獲取流量。這種方式，一般以企業為主，像頭部的品牌，比如麥當勞、耐克每年都會砸收入的兩成以上來做行銷，也就是追流量。

2 吸引流量

你若盛開，清風自來。在商業世界裡，也是一樣的道理。當互聯網崛起時，聊天有微信、購物有淘寶、打車有滴滴、外賣有美團、娛樂有抖音，看似四方平和，大家一起滿足了用戶需求。但實際上呢，淘寶一直想做社交、美團天天想做電商，為什麼呢？原因很簡單，因為每個人都想擴充自己的流量池，都想將更多的用戶吸引到自己的產品中來。流量池越大，可售賣的產品就越多，價值交換的齒輪不僅轉得快，還轉得多，自然利潤就高。

這是站在企業的邏輯來解剖，透過擴展業務來擴充流量。那對於個人來說，如何吸引流量呢？邏輯仍然一樣，擴充自己的業務，最典型的有這樣三種方式：

用知識換流量

互聯網時代，什麼最容易被傳播？是內容。這個時代，資訊自由流通，知識也得到了最大的交換價值。你的工作經驗、個人生活、觀點、態度……只要你擁有知識，只要你能將知識轉化為好的內容，就可以被傳播出去。

最典型的就是在圖文時代，微信公眾號讓多少普通人透過內容輸出吸引了流量，又最終用流量變現實現了財富自由。現在雖然圖文式微，但短影音只是更改了形式，並沒有改變內容的本質，仍然可透過內容輸出來交換流量。

對於普通人來說，內容輸出一開始很難吸引到流量。我個人因為是走這條路的，所以可以給大家一些建議：第一步，先確定自己的風格，寫什麼類型、什麼方向，完成幾篇自我滿意的作品；第二步，收集這個類型的公眾號，進行投稿。一般來說，好的內容是非常稀缺的，大公眾號都會設置投稿機制，透過這些大號的傳播，一邊提升你的內容品質，一邊打造你的內容IP，逐步積累你的流量池。

除此之外，如果你是內容產出比較強的人，可以試著做一套課程或者一個增值服務，仿照市場上已有的形式，然後透過身邊人的傳播，將這些內容免費贈送出去。這些可以理解為你前期的內容投資，透過「免費」形式，讓你的內容先傳播出去，吸引到第一波流量。如果你的內容有價值，這些流量就會聚集在你的身邊，隨著時間的積累，包括口碑傳播，也包括你的運營策略加持，你的流量池將會不斷擴大，最終會連結到更多的人。

讀到這裡，可能有人說自己根本不懂內容，也沒有任何一技之長，怎麼辦？其實關鍵並不在於你有沒有這個能力，而在於你想不想做成這件事。只要你想，在互聯網上你可以免費找到幾乎所有技能的資源；只要你想，一技之長的學習，也並非難事。在這裡再重複一句話，當你選擇讀這本書，選擇學習財富的底層邏輯，你就已經選擇了一條與普通人生活截然相反的路，學習一門知識，又算什麼呢？

用情緒價值換流量

現在很流行一個詞，叫情緒價值。我倒是對這個詞的流行持樂觀態度，因為它至少說明我們中國人終於開始關注個人的情緒健康了。很多不刷短影音的人，不懂短影音的魔力；沉迷短影音的人則完全逃離不出來。這其中最大的原因就是爆款的短影音在誘導我們的情緒，讓我們哭、讓我們笑、讓我們憤怒，最終都是透過控制我們的情緒，讓我們不斷沉溺其中。

短影音是現在最大的流量池，打開短影音，不管是帥哥美女，還是貓貓狗狗，抑或是娛樂八卦，它們的本質邏輯都是藉由放大我們的情緒，來吸引我們觀看，從而獲取流量。掌握了情緒價值這個本質的關鍵字，哪怕是一個沒有做過短影音的小白，也能評判一個影片的好壞：它是否成功調動了你的情緒？

商業的底層邏輯其實很簡單，從古到今，本質從未改變，唯一變化的只是我們稱呼它的方式。致富的底層邏輯，說白了，就是價值交換。你與其夢想一夜暴富，不如好好想想，自己到底有什麼價值，能夠作為槓桿最快撬起最大的財富？

二、財富是怎樣產生的

知道了致富的底層邏輯，下一個環節，自然是我們如何利用這個邏輯來創造自己的財富。在第一章，我曾講過財富的定義，大家還記得嗎？財富包括金錢，但不限於金錢。財富的本質，是對有限資源的掌控。這種資源包括但不限於金錢、商品、教育、美貌、健康、自由等等。

在商業社會中，最底層的邏輯之一便是追求利益最大化。此處的利益，同樣不僅僅指金錢，還包括自尊、名望、聲譽、人脈。我們經常看到很多有錢人去做慈善，可以說他們有一顆大愛之心，也可以說他們是為利益所驅動。為什麼呢？因為對於他們這個階層來說，錢本身的數值增長帶來的利益已經進入瓶頸，而公益慈善能為他們帶來他們所在的階層最為看重的東西——聲望、名譽。

說到這裡，可能有人覺得悲哀，人最終都是為利所驅動。我想解釋下，「逐利」就和「貪婪」、「欲望」一樣，只是人類的諸多本性特質之一，正向引導可以推動社會進步，達到雙贏，而只有跨過那道紅線，才會對他人對自己造成傷害。我們一定要客觀、理性地去看待這些詞本身的意義，不要讓價值觀先行。切記，對任何事物，要先接受，再判斷。

說遠了，我們回到正題。從財富的底層邏輯來看，這個世界上只存在三類人：

第一類：生產者

生產者說得直接點，就是工薪族。我們在前一節講了工薪族的價值交換，是透過時間來交換金錢。時間是個籠統的概念，再拆分一層，便是生產能力。你能生產什麼，你就透過單位時間內你所生產的東西，來交換金錢，這才是一個完整的閉環。比如最古老的農民靠種地賣糧食換錢、工人靠搬磚賣體力換錢；再高級點，比如我靠寫作賣知識來換錢，老師講課也是靠賣知識來換錢。

第二類：配置者

配置者也說得直接點，就是高級工薪族。對於生產者所生產的資源，具有一定的支配能力。比如建築工地的包工頭、培訓機構的領導等，他們依靠配置生產者的勞動成果來獲取報酬，企業家、創業者也都處於此類。

第三類：頂層配置者

這類人是人口占比最小的一撮人，卻掌握著最多的財富，是真正站在金字塔尖的人。配置者是對生產者的支配，那頂層配置者也可以理解為對配置者的支配。聽起來有點繞，但其實頂層配置者還有一個名字，叫投資人，這下就容易理解了。

什麼是投資人？投資人離真正的生產者很遠，但生產者生產的所有成果都歸他們來操控。他們透過掌控配置者來完成這一切。很多時候，我們對公司的經營策略都不理解，明明這樣做有問題，為什麼上級們還要這樣做。很簡單，那是因為他們也被配置了，頂層配置者站在更高的維度，對策略做出了指示。

當然，我用金字塔的層層控制模式來解釋比較簡單粗暴，在真正的現實生活中，三者的關係其實是很複雜的。比如大家都知道阿里巴巴已經是中國頂級互聯網企業，但它背後還站著一個人，那個人叫孫正義。另外還需補充的一點是，隨著經濟全球化的增長趨勢，頂層配置者已經不限於國籍了，資源可以流動到哪裡，他們就可以去到哪裡。

按照這三類角色的劃分，我們獲取財富的管道也變得簡單：生產資源、配置資源、配置配置者。

1 生產資源

大部分人，其實包括我自己，都還是資源的生產者，透過出售自己所生產的資源來換取報酬。這也是人數占比最多的一個群體。在這個階段，最有效率的提升方式就是教育。中國人有句古話，叫「再窮不能窮教育」，其實是因為教育是最快改變生產者地位的方式。雖然職業無貴賤，但是薪資有高低。且不談創造的價值大小，老師、白領就是比農民、工人的薪水高，待遇好，這是最有力的證明。

生產資源的價值＝單個物品的價值×時間，根據這個公式，如果你目前也是一個生產者，可以透過教育來掌握更具價值的生產技能，提升你的單個物品的價值；也可以透過大量的社會實踐來不斷提升技能熟練度，縮短你的時間，這都是可行的方式。

2 配置資源

這類人並不生產資源，他們是透過自己的方式來重新配置資源或者提升當前資源配置的效率，透過效率來賺取利益。大部分的企業家都屬於這一類。

在原始社會，最具價值的生產力要素是人力資本；到了封建時代，最具價值的生產力要素變成了土地資本；而現代社會，最具價值的生產力要素則是資源，包含人力、土地、金錢等綜合資本。為什麼很多人最終都會去創業？除了有夢想、有能力，更重要的是他們都想從生產資源變成配置資源，努力向上攀爬。到了這一層，至少他們不用再去生產資源，而是可以將資源彙集，透過這些資源撬動更大的「蛋糕」，從而實現經濟和時間自由。

從大的角度講，配置者是一個社會運轉良好的關鍵。他們的數量和素質，基本決定著這個社會的資源配置效率，也就是生產力水平。但創業是風險很高的事情，我不鼓動任何人去盲目創業。創業不僅對個人的能力有極高的要求，還需要他的心智更成熟，在此之外還需要極好的運氣。比如四十年前的改革開放，那就是一個千載難逢的機遇。在那個時候，只要是大膽出來創業的，即使沒有高教育水準、沒有過人的見識，也能成為企業家。

對於創業這個事，和打仗沒什麼區別，有時候不僅看你自己的能力，更要看時代的脈搏。當然我也不是說讓大家對創業這個事想都不要想，只是希望大家理性判斷，平時善於積累，當你所認為的時機到來時，才能把握住，一飛沖天！

3 配置配置者

社會的財富，從表面上看似乎屬於無數的生產者，但實際上是屬於少數配置者，再往深看，其實是屬於極少數的頂層配置者。

頂層配置者與配置者之間的區別，其實就是投資人與企業家的差別。頂層配置者不參與企業的任何經營管理，只是站在背後從宏觀角度進行資源配置。配置者控制的是生產者所生產出來的各種各樣的消費品，而頂層配置者，控制的是配置者的企業。就像孫正義投資馬雲，馬雲是配置者，孫正義是頂層配置者。馬雲擁有無數生產者，而對於孫正義來說，他有無數個馬雲。

說到這裡，我們已經知道，第三類人比第二類賺得多，第二類人比第一類人賺得多。要想實現財富自由，我們必須從第一類人開始，不斷往上攀爬。我個人在這條攀爬的路上，有這三條經驗分享給大家：

第一條，資本積累

第一桶金是最重要的，透過時間換取金錢，完成初步的資本積累。萬事開頭難，這一步最重要也最難。這裡有兩條路，大家可以選擇：一條是擴展自己的能力，當「多邊形戰士」，什麼都能做；一條是垂直挖掘自己的能力，我選擇了深耕寫作這條路。每個人都有自己的路，最重要的是選擇了就千萬不要輕易搖擺。

第二條，用錢賺錢

這個方法隨著現在投資觀念的普及，已經眾所周知了。股神巴菲特就說過，當你閉眼睡覺時你的錢還在為你賺錢，你就離財富自由不遠了。只要你口袋裡有錢，就可以去理財投資，比如股票、基金、黃金、買房等等，不要浪費你口袋裡的每一分錢，像你的老闆榨乾你一樣，你也要榨乾自己的每一分錢，把每一分錢都變為生出另一分錢的原始資金。等你有了足夠的本金，你就會知道用錢賺錢是這個世界上最簡單的一件事。

第三條，為時間加槓桿

我們前面說過，金錢＝生產資源的價值＝單個物品的價值×時間。短期來看，單個物品的價值是很難改變的，比較快的方式是增加時間。假設你每天工作九個小時，月薪是五千元，現在你工作時間翻倍，每天工作十八個小時，月薪一萬元。如果再加六個小時，你的薪水還能漲，但不可能了，因為一天只有二十四個小時，你還需要時間休息。所以，這就得出一個結論，我們很難透過加倍工作時間來獲得大量財富，甚至即使獲得了，最終還得送醫院去。

那怎麼樣才是正確且有效為時間加槓桿，透過時間來實現財富自由呢？很簡單，佔用他人的工作時間。換句話來說，讓他人為你工作。其實再說白了，就是努力成為配置者。當他人為你工作的時間越多，你所得到的生產資源價值就越多，所能換取的金錢也就越多。這其實也就是讓錢賺錢的另一種方式，人力投資。

有個已經實現財富自由的朋友，跟我說過這麼一句話：「如果能用資本賺一塊錢，就絕不用自己的體力去賺一百塊。」分享給大家，我們一起琢磨琢磨這其中的道理。

其實掌握了致富的底層邏輯，很多事情說來說去都是那麼回事，無非是換了個說法、換了個角度，最終所描述的事物本質，永遠是一個樣子。但儘管如此，掌握底層邏輯，也只是知道而已，從知到行還有很遠的一條路。

三、後疫情時代的資產管理

二〇二二年三月，胡潤研究院發佈了《二〇二二胡潤全球富豪榜》。在疫情的衝擊下，全球擁有十億美金的富豪不減反增，新增一百五十三人，總數達到了三千三百八十資人，再創歷史新高。其中，中國以擁有一百一十三位十億美金富豪，排名全球第一，同比去年增加七十五人；其次是美國，擁有七百一十六位富豪，相比去年增加二十人。

在連續三年的新冠肺炎的衝擊下，財富金字塔變得越發陡峭。隨著疫情所帶來的全球經濟大放水，人工智慧技術的發展帶來了科技創新，有錢人的數量和所擁有的財富值也正在不斷躍升。而與富豪數量增長相對應的是，在疫情期間，全球各地的工人階層，減少了高達三點七萬億美元的收入。

身為普通人，我自己也有切身實際的感受，生活難、壓力大。從二〇二〇年持續到二〇二二年的疫情，給普通人施加了巨大的壓力，車貸、房貸、家庭開銷都是壓力。甚至有很多人在疫情裁員浪潮下失去了工作，完全沒有收入，僅僅靠著積蓄來過日子，導致不少人的房貸繳不出來，連法院拍賣的房產在疫情期間也創了多年新高。

在我身邊的朋友裡，因為疫情這只黑天鵝的出現，有人公司資金鏈斷裂，一夜愁白頭髮，解散了上百號員工；有人上有老下有小，卻因公司業務收縮裁掉了中間的管理層，被迫失業；有人二〇二〇年初剛交了三年租金開了飯店，賠了個精光，到現在債還沒還清……

疫情的突襲也給很多人狠狠上了一課，原來風險離我們如此近，原來金錢對於我們是如此重要，原來擁有抗風險能力是一件如此有安全感的事情。二〇二二年底疫情封控解除，在後疫情時代，如何吸取這次疫情的經驗，管理好自己的資產，為資產建立好抗風險能力，成了一件每個人都應該思考的事情。

所以，後疫情時代，普通人應該如何吸取經驗，重新建立自己的財富水池呢？首先，我們先來看後疫情時代有哪些特點。對症下藥，方能藥到病除。只有看清變化，瞭解變化，並且順應變化，才能永遠走在變化的前面。

特點1：經濟低速增長成爲常態

自二〇〇〇年後，中國的GDP基本保持年均10%左右的增幅，最近幾年則出現下滑，二〇一九年為6%。由於疫情影響，二〇二〇年僅2.3%。目前疫情基本解除，但經濟的恢復需要時間。可以預見在未來的一段時間內，GDP將長期處於低速增長的狀態，保持在6%以內。

經濟低速增長體現在我們個人普通生活中，最主要的則是影響了投資回報率。簡單來說，就是承擔同樣的市場風險，但所獲取的收益將低於以前，透過投資獲取財富增長的速度大大減緩。同樣，如果在市場中產生損失，想透過投資將損失重新賺回來，需要的時間也會比以前更長。也因此，在後疫情時代，如果不是特別有自信，或者資產特別雄厚的，高風險投資我們量力而行，以保本收益為主。

特點2：存款利率將長期處於下降通道

自從改革開放後，我們最高有過10%以上的存款年利率，但進入二十一世紀以來，存款利率一直在下降。在撰寫本篇前，我看了一下，目前一年期的存款利率為1.5%，三年期為2.75%，五年期大額存單和國債的最高利率也都下降到4%。

中國人民銀行的前行長周小川曾說過：「中國可以儘量避免快速進入到負利率時代。」仔細讀這句話，其實年利率為0是不可避免的大趨勢，只是在於何時到來而已。

就在我寫本篇的二〇二三年三月十九日，央行宣佈降準0.25個百分點。簡單解釋一下降準，央行為了保證普通人的資金的流動性；降準則是降低這個存款保留的比率，也就是銀行的款準備金率。降準和存款並沒有直接的關係，但是降準會使銀行的可使用資金增加，對個人存款的需求減少，由此會間接造成存款利率的下調。直接點說，存款0利率就是一層薄薄的窗戶紙，不知道什麼時候就被捅破了。

特點3：階層將不斷固化

從前面的胡潤富豪榜資料也可以看出來，在連續三年的新冠肺炎的衝擊下，財富金字塔變得越發陡峭。根據二八法則來看，20％的人掌握了這個社會80％的財富。這其實是社會發展無法避免的一個通病，是每個國家發展進程中都會遇到的問題，只是看各個國家如何處理。對於中國來說，「共同富裕」一直是一個主基調，並且已經制定了一些政策，比如擴大房地產稅試點範圍，比如在二〇二二年對明星和主播開展稅務清查，在社會上掀起了一陣沸沸揚揚的討論之聲。其實這些動作，都是為了透過人為雕琢來修補這座財富金字塔，讓它不要那麼陡峭，變成以中產階級為主的更穩定的橄欖型結構，逐步靠近共同富裕的終極目標。

特點4：老齡化問題越加嚴峻

在中國最新的人口普查資料中，六十歲及以上人口占總人口19%，約二點六四億人。根據國際標準，當一個地區或國家六十歲及以上人口占總人口的30%時，就可以被定義為重度老齡化社會。而我們已經快接近這個資料了，足以可見老齡化社會的嚴重。老齡化社會的趨勢，再疊加年輕人晚婚化、少子化等因素的影響，未來一段時間內老年人占比將會繼續增加。與此同時，隨著科學技術的發展，醫療水準也不斷提高，人口預期壽命目前已經接近八十歲，並且這個年齡還在持續增加。

在以上諸多因素的影響下，如何養老已經成為一個痛點。根據社科院的估算，中國城鎮職工基本養老保險基金可支付月數已經持續下降，預計到二〇二八年將降至十個月，到二〇三五年將耗盡。當養老保險基金用盡，到時候養老真成為一個大難題。前幾天，國家已經提出延遲退休年齡，但這只是治標不治本。說句老實話，我們的養老最後還是要靠我們自己。

綜上所述，經濟低速增長成為常態、存款利率將長期處於下降通道、階層將不斷固化、老齡化問題愈加嚴峻，在諸多因素的持續疊加下，不管是個人財富還是家庭財富，都面臨著極高的不確定性。我們先來分析下後疫情時代，家庭未來所要面臨的主要問題：養老問題、孩子教育問題、收入中斷問題、財富傳承問題，不管你是否知道這些問題，也不管你是否認為應該提前應對這些問題，但它們都是客觀存在的。事實本身不以我們意志力為轉移而消失。我們所能做的，就是盡可能收集資訊，瞭解這些問題，並努力提前做好規劃，避免在下一次「疫情」來襲時，像這次這樣手忙腳亂。

在做家庭未來規劃中，有一個簡單又好用的工具，叫作「標準普爾家庭資產象限圖」。它能夠過四象限的方式，說明我們正視家庭財富的配置比例，透過四個象限不同維度的配置，抵禦不同程度的風險波動，讓家庭始終保持在一個穩定的經濟水準中。

我們可以參考第六十三頁的「標準普爾家庭資產象限圖」。從目前被應用最廣泛的標準普爾家庭資產象限理論來看，四個象限可以代表家庭的四個帳戶，這四個帳戶根據不同用途將家庭資產分為四筆錢，分別為：要花的錢、保值的錢、增值的錢、保障的錢。

「要花的錢」基礎配置，但容易配置過多

要花的錢，顧名思義，就是我們日常開支要花的錢，包括食衣住行、娛樂消費等，都算在這筆錢裡。一般來說，要花的錢建議保留可維持三到六個月開支的資金，用來

應急。這個象限，基本人人都會配置，但問題是容易配置過多。

很多時候，發了薪水、發了年終獎金、發了分紅，直接就存在帳戶裡不管了。這樣其實這些錢都算在了「要花的錢」這個象限中，導致家庭財富結構過於單一。日常開支是不怕了，花個幾年都沒問題，但問題是，這些錢長期不用，放在這裡其實是一種巨大的資源浪費。尤其是當遇上突發狀況，這樣單一的帳戶配置就顯得不堪一擊。

「保值的錢」積水成海，卻不被重視

保值的錢，是將短期內不用的錢，進行系統地打理，作為養老金、子女教育金、夢想金或者計畫買房的錢，根據未來要支出的時間和金額，購買合適的理財產品。這筆錢有兩個特點，第一是安全性，這筆錢作為家庭長期收入的保障，只要本金安全，收益不必太高；第二是長期性，作為對家庭未來的長期規劃，如非必要，不要輕易動用。一般來說，家庭保值的錢配置比例為家庭資產的40％左右。

「增值的錢」高收益也意味著高風險，要注意比例

前面說過經濟增長變慢、利率下行等諸多後疫情時代的特點，總的來說，就是資產增長變慢了。但縱使慢，還是能讓錢生錢，在這筆增值的錢中，可以建立自己的資產配置組合，根據自己的風險偏好，適當且合理地投資股票、基金、房產等，這筆錢可以給你帶來額外的收益，作為財富增值的主要增長點。

這裡要注意的是，很多朋友一聽增值會一股腦將錢都放進去，可能運氣好大賺一筆，但最大可能是這筆錢最後虧得一乾二淨。所謂投資理財，就一定存在風險，一定要想清楚，將風險控制在自己可承受的範圍之內，同時也一定要適當投資，不要將增值部分的錢的比例超過家庭資產的30%。

「保障的錢」重要性日益提升，但配置仍然不足

保障的錢，就是在風險來臨時，為家庭提供全部包攬的錢，最典型的產品就是保險，像意外險、壽險、重疾險等，都在不同的領域為我們起著相同的保障作用。簡單來說，這其實就是用日常積攢的一筆錢來幫助我們托底不可承受的意外，避免真正的風險發生時，我們一夜回到赤貧。

在新冠疫情的影響下，大眾的風險保障意識不斷提高，越來越多的人開始在家庭

資產配置中，規劃這筆保障的錢。沒有人知道明天和意外哪個會先來，但如果我們做好充足的準備，即使意外來了，我們也不會有太大的風險。

當然，對於處於不同階段的個人，處於不同情況的家庭，四象限的配置比例也可以靈活變動，比如年輕時保障的錢可以適當減少，而隨著年紀增大這筆錢也會增加。要想真正做好資產配置管理，還需要根據自己和家庭的實際情況來具體分析，現在很多銀行都開展了免費諮詢的業務，大家可以趕快為自己的資產做個健康檢查！為後疫情時代的財富水池積累打好基礎！（作者觀點僅代表個人，不提供任何市場投資建議。）

四、節流守財，開源賺錢

開源節流也是理財的重要原則之一。所謂開源，為拓展財政收入的來源，讓進到口袋裡的錢多起來；節流，則是指收窄不必要的開銷，讓從口袋裡掏出去的錢儘量減少，或者若是一定得花，盡可能花小錢辦大事。國家財政都遵循這個邏輯，落到我們普通人的身上，要走向財富自由之路，說白了，也就是荀子所說的那八個字：開源賺錢，節流守財。

節流

說到奢靡富貴，大家第一印象一定是古代的皇上：穿金戴銀，一擲千金，簡直是極盡奢華。但這些觀念都是受影視劇的影響，真實的宮廷生活其實還有另一面。皇帝作為一國之主，很多時候並不是我們想像中的那般花銷無度，有的反而會主動提出開源節流，帶頭為黎民百姓和朝中大臣做出表率。

最典型的像漢文帝劉恆，這位劉恆皇帝便是電視劇《美人心計》中的男主。劉恆身為坐擁天下的皇帝，卻十分勤儉節約。宋代《五總志》中有寫，「漢文帝劉恆履不藉以視朝」。所謂「不藉」，指的是草鞋，意思就是漢文帝每天穿著草鞋上朝！足可見他對於「節流」二字之理解。此外，他自己還經常穿著樸素耐穿的衣裳，深受他寵愛的慎夫人也衣著簡單，連裙子都不能拖地。史書中都評價這位劉恆皇帝勤儉、寬厚、愛民，也因此在他的帶領下，出現了文景之治的盛世。

提起節流，我們很多人第一印象便是「摳門」，認為自己每天辛辛苦苦地努力，竟然最後還變得摳摳搜搜的，往往難以理解。但你看這世界上最有錢的皇帝，都如此深信節流之道，那是不是也可以適當控制自己的欲望，合理消費呢？

關於節流，給大家分享三個方法：

1 學會計算

學會計算，不只是會看價格，而是要學會計算收益和成本。前面說過，對我們普通人來說，唯一擁有的資源便是時間，我們的每一分錢都是透過時間換來的。也就是說，所有物品上標注的價格都不只是一串數字，而是你的時間。時間也是稀缺的，每天只有二十四個小時，它們組成了你的生命。

換句話來說，如果你隨意買買買，那你花的不是錢，而是你的時間，也就是你的生命。比如說，你每個月薪水八千元，不加班的話，每個月工作二十二天，每天工作八小時，計算下來時薪是四十五點五元。如果你要買一雙五百塊錢的鞋，花費的便是十一個小時。

這麼計算的話，這五百塊錢的鞋，你覺得還值嗎？

為什麼有錢人買東西從不看價格，不是因為他不在意價格，而是他的時間遠比商品價格值錢。當我們還沒有實現財富自由的時候，價格自然是衡量商品價值的關鍵，但不是因為我們在意錢，而是因為我們在意自己的時間。

如果你多出來時一個小時，不管是給自己放一天假，無所事事地享受生活，還是去報班、讀書、運動，想必都會比那雙鞋帶來的價值更大。

2 學會記帳

我身邊有一個朋友，她就是一個白手起家的普通白領，但因為記帳，不到三十歲就在二線城市很好的位置買到了屬於她的第一套房子。聽起來有點唬人，記帳又不是賺錢，怎麼還能變出一套房子來？這就是記帳的魔力。

在經濟學上有一個詞叫「拿鐵因子」。它起源於一對美國夫妻，他們二人每天早上都一定會喝一杯拿鐵。如此過了三十年，他們心血來潮計算了下，發現這兩杯拿鐵花掉了他們七十萬元。回顧我們日常的生活，有人喜歡抽菸，一天一包，假設一包一百元，一年便是三萬六千五百元，幾乎是抽掉了一個月的薪水；有人喜歡喝手搖飲，一天一杯，假設一杯五十元，一年下來也是一萬八千兩百五十元，大半個月的薪水喝沒了。一年統共十二個月，這個抽掉一個月工資，那個喝掉半個月工資，這些生活中不起眼的消費，都是影響我們財富自由的「拿鐵因子」，並且如果你不記帳，便很難發現它們的存在。

我們講過很多次財富自由的一個重要方法就是讓錢生錢，而讓錢生錢就要攢錢，記帳則是很好的一個方法。現在市面上也有很多很好用的記帳APP，大家可以下載；如果怕洩漏個人資訊，也可以自建Excel表格來計算，網上也有很多好用的範本。總之，實現財富自由如果分步驟，第一個行動步驟一定是「記帳」！

3 學會駕馭欲望

很多人看了上個方法可能忍不住反駁我，人生的樂趣不就在於這些「拿鐵因子」嗎？不就在於這些「小確幸」嗎？如果連這些都要放棄，那實現財富自由還有什麼意義？我非常同意這樣的想法，但是凡事講求適度，就像每天一杯奶茶，是不是可以調整為一週兩杯或者一週一杯？既有益於身體健康，還能省錢。

很多事情並不是非此即彼，很多選擇也不是只有A、B選項，往往還有C、D，甚至E。我們要做的，是俯下身去多想多思考，尋覓藏在萬花叢中的那一抹綠。這個思考尋找的過程，我將其稱之為「駕馭欲望」。

我說過很多次，人有欲望是一件好事，它代表著蓬勃的生命力，代表著奮鬥的動力，代表著人最原始的價值驅動感。欲望之所以被人當作猛虎餓獸，往往是因為大多數人都放任欲望，被欲望牽著鼻子走，卻從來未曾想也未曾有能力去駕馭欲望。駕馭欲望，就像是開車，欲望是發動機，車技好就可以開出速度與激情，車技差點就是普通人，再差點可能都不敢上路。在人生這條漫漫長路上，磨練自己的車技是一件很重要的事。

我身邊有一個比較富有的女性朋友，她本身家境不錯，自己也非常努力，一路上名校，留學回國，進入金融行業工作，是非常優秀的一位女性。在她的身上，有一個明顯與其他同等經濟條件的人不同的點，她很少買所謂的奢侈品。我和她吃過幾次飯，也見她背過很貴的包，但往往都是那一兩個。有次閒聊我問到，她解釋說很多人買奢侈包，買的並不是包本身，而是包所代表的社會資源的集合展現，透過展現資源來強調自己的價值。她偶爾也會有這種「炫耀」的欲望，但會克制，因為她很清楚她的價值並不在於包，而在於她自己本身。

聽完我還滿敬佩的，因為我拿到人生第一桶金後，做的第一件事就是買車……並不是買車有問題，而是我當時其實還沒有考到駕照，只是覺得有輛車看起來很體面。至少在那個時候，我完全被自己的欲望綁架了。

說句很玄妙的話，控制欲望其實就是修行自己的內心，能做到的人非常少，但做到的人都走到了金字塔頂端。不妨試試，從今天開始，試著慢慢控制欲望，把消費的主動權掌握在理性的手中。

開源

節流縱然好，但說到底，我們的收入大盤在那裡，要想財富自由，大頭仍然是尋覓賺錢的方法。賺錢的方法其實我們前面已經講過很多了，再分享一個我個人覺得最受用的心得：不要透過延長加班時間賺錢，而是要讓每個小時賺的錢更多。

延長加班時間，說到底是透過身體和時間來獲取金錢，是性價比很低的賺錢方法。真正有用的是提升你的時薪。當你換下一份工作的時候，在拿到對方的薪水報價後，結合他們的工作強度，合理計算你的時薪。如果你的時薪增長了，那才稱得上漲薪；如果看起來薪水漲了，但工作時間更長，那其實也就是合理的報酬而已。

很多年輕人不珍惜自己的時間，覺得反正在家沒事，在公司加加班還能混個補貼費挺好的。這是典型的短視眼光，人一生能純粹投入奮鬥的時間並不多，我們來算一下：假設二十二歲大學畢業開始，三十歲成家立業，中間也就八年時間，你可以不考慮風險，專注投入自己的事業。成家立業並不是就不能投入了，而是年齡增長會帶來精力的下降，與此同時社會責任也會逐漸增加，你的精力也會被分散。如果想實現財富自由，那必然是要抓緊黃金奮鬥時間，輕裝上陣，高效利用業餘時間。下班時間，比起在辦公室坐著等叫車費，不如上網課、看書、運動等。

還記得我們說過的機會成本嗎？當你貪圖便宜或利益選擇一樣事物時，你失去的不只是當前事物的成本，還有潛在選擇其他事物的成本！

開源節流，是真正的大道至簡。很多人都知道，但做到的人寥寥無幾。如果你真的想實現財富自由，就好好將它記在心中，並且從今天開始立刻行動！現代社會充滿了各種風險，我們必須居安思危，既有開源賺錢的本事，又有節流守錢的智慧，才能應對這日日起伏變化的世界。有人說成年人的世界，只有篩選沒有教育。我深表認可，也希望大家有朝一日能篩選他人，而不是等待被他人篩選！

第六章

和財富焦慮說 No

一、你為什麼想要擁有很多錢

自從疫情過後，每個人開口閉口都是搞錢，但卻很少有人想過，自己為什麼要搞錢，錢對於自己到底意味著什麼。金錢就像是一面鏡子，你缺什麼，便以為它可以買來什麼，但事實上，它只能買來商品。透過這面鏡子，對現象盤根究底找到原因，我們才能對症下藥，在實現財富自由的路上一騎絕塵。

對於有些人來說，錢意味著安全感

什麼是錢？錢可以是一張紙，這張紙可以是美元，也可以是歐元、港元，還可以是馬克、人民幣。這些紙張唯一的區別就是圖案不一樣、設計不一樣，但總而言之都是一張紙。這是從表像來看，越過表像，這張紙之所以值錢，是因為它可以買到資源。

這種購買能力，讓它既可以讓人肝腸寸斷，也能讓人欣喜若狂，還能讓人看似擁有一切東西。在這樣的魔力之下，很多人覺得有了錢，便是有了安全感。

什麼是安全感？安全感說白了就是是否信任自己的能力。你能否看穿所有外在表現，從內心深處對自己產生信任，相信自己可以掌控自己的命運，相信自己可以戰勝一切。人從生下來開始，最原始的狀態都是安全的。所謂的安全感是因為不安全才產生的詞語，在後天的社會生活中，我們感受到了不安全，因此產生了安全感的訴求。這種訴求或許與原生家庭有關，也或許是社會氛圍所致，也有可能是自我要求產生，但總之大部分人都有這種訴求。

有訴求便要尋找解決方案。對於很多人來說，金錢是解決一切的良藥，自然也包括安全感的問題。金錢能帶來安全感嗎？能，但也不能。金錢的確可以在短時間內為你帶來一種絕對的自信，讓你從外在的確認與肯定中，相信自己擁有創造安全的能力，能夠戰勝命運，也能夠克服一切。很多事情，有錢解決不了，但沒有錢可能萬萬不行。我因為寫作的原因，經常去咖啡館一個人捧著電腦待著。在那裡，我天天都能聽到有人在談各種各樣的專案和資金，項目動不動千萬上億，但大部分的結果都夭折了。對面的投資人聽著對方誇誇其談，只是笑，就是不掏錢。在這樣的場景裡，不管項目是否真的有可行性，錢控制著這個專案的成本。我想，對於那些創業者來說，錢絕對意味著安全感。

但真正的安全感其實是這一身修為，因為它們別人搶不走，你自己丟不掉，它不是一日建立起來的，同樣也不會一夜之間消失。安全感就是這樣，是真正藏在你的內心裡，是展現在你的談吐修為中，是你發自內心對自己的自信，是與外界聲音無關的一種能力。

如果只是把安全感寄存在金錢上，那便會引出一個子題，多少錢才能買來安全感？十萬、五十萬、一百萬、一千萬，還是一億？說實話，我覺得哪怕你擁有全世界，沒有安全感的人，仍然沒有。因為那個時候，你會擔心別人搶走你的錢，說不定那個時候你更沒有安全感。

對於有些人來說，錢意味著自尊

我家境很普通，在還沒畢業工作那會，就是一個窮得叮噹響的學生。和我同宿舍的一個同學，他家在省會城市，父母是做生意的，吃穿都高我們一截，自然連生活費都是我們的幾倍多。作為同學兼室友，日常相處中難免有一種自卑感。比如大家一起在餐廳吃飯，他一頓有肉有菜，甚至打好幾個菜，美名其曰嚐一嚐，我則勒緊褲腰帶，連選個肉都要錙銖必較。相較之下，青春期那點可憐的自尊真是丟了個乾淨。

我記得有一次，我們在一起打遊戲，遊戲裡需要儲值買裝備，購買的時候我們起了一些口角。具體的話語自然是已經忘了，不過我仍然記得他最後說的一句話，那句話時隔這麼多年，一直記在我的心裡。他說，你這種想法，就是典型的窮人思維。我當時愣在了原地，臉漲得通紅。一個本身就因為窮而心生自卑的人，最在意的就是其他人當面以此攻擊他。我自此就非常討厭這位同學，在心裡暗想，不就是因為沒錢才瞧不起我嗎，我以後一定要賺好多錢讓你瞧瞧。

說實話，後來很長一段時間，我努力的動力都是這句話。我想對於很多人來說，金錢最具價值的一面，就是可以買來我們的自尊，買來他人的尊重。每天醒來，擠地鐵、忙工作、哄孩子，為柴米油鹽折腰，在這樣為生計奔波的生活裡，最害怕的或者說最無法忍受的便是他人的輕視——我都已經這麼努力了，竟然還被人瞧不起。

就像諾貝爾文學獎獲得者莫言所說，所謂自尊、面子，都是吃飽了之後的事情。翻譯過來，自尊那都是有錢人的事情。我也一直抱著這樣的想法，甚至還想著同學聚會的時候，一定要狠狠在他面前炫耀。

但後來，也許是知識的積澱，也許是年齡的增長，有一天我讀到了曾國藩的一句話，他說，「越自尊大，越見器小」。意思是，你越把自己的自尊看得重要，你的器量反而越小。在我們的社會文化中，其實是非常強調自尊、骨氣這種氣質的，但這句話卻反向解釋了自尊的弊端。讀到這句話的當晚，我徹夜難眠，一直在思索當年的那句話。後來慢慢理解了，曾國藩所說的這句話並不是要讓我們不要自尊，而是不要讓我們為自尊所綁架。

如果我因為那位同學的一句話導致我的自尊受傷，而用同樣的方式去報復他的話，那我不就變成跟他一樣的人了嗎？現在想起來，他說那樣的話，只能證明了他思維的狹隘。至少在當時他的世界裡，認為一切都是可以用錢衡量的，這是多麼市儈的想法啊！而我竟然一直被這樣的想法裹挾，差點變成跟他一樣的人。

讓自尊小，是要給我們的心騰出空間，去放置更多的東西。人的視野是有限的，當你把所有注意力都放在自尊上時，反而會忽略更多的東西。同樣的道理，如果你想透過金錢來買到自尊，那更是可笑的。錢只能買來他人市儈的吹捧，畢竟你身上有利可圖，而當利散去，你仍然沒有自尊。

對於有些人來說，錢意味著躺平

很多年輕人想要錢的最大原因，就是想躺平。每天早上睡到十二點，看看影片，吃吃飯，繼續睡覺，想買什麼買什麼，不用上班不用社交，無憂無慮，清閒自由。但真的是這樣嗎？其實我在第一章就講過，躺平其實是一個偽命題。

有部非常經典的科幻電影，叫《駭客任務》，裡面智慧電腦「母體」為人類設置了一個幸福快樂的程式，本以為人類會一輩子幸福快樂地活著，但誰想到人類卻覺得無聊，最終成批地自殺死亡。而在第二代裡，母體設置了抗爭苦難的程式，人類有目標了，有事情可以做了，反而過得很長久。

同樣的設定，在小說《美麗新世界》中也有。在美麗新世界中，每個人都過得非常快樂，沒有痛苦、沒有悲傷、沒有眼淚，也沒有任何需要做的事情，但卻偏偏有一群人要逃到一個地方，在那裡過著苦不堪言的日子，去尋找自我。

躺平為什麼是偽命題，是因為人類需要價值感。很多年輕人口中的躺平也並不是真正的躺平，只是不做自己不喜歡的工作，不與自己不喜歡的人社交，他們只是希望時間和精力能用到自己喜歡的地方。如果你真的財富自由了，可以像個米蟲一樣，吃了睡睡了吃，其實並不現實。因為真正的米蟲，也是有很多工作、很多事情要做的，這些只不過身為人類的文明不知道罷了。

幸福是因為痛苦而存在的，快樂是因為悲傷而存在的，如果這個世界上沒有了反面，那麼正面也將不復存在。現在每天上班，如果有一小時看落日的時間，你就覺得好幸福，但如果你日日看落日，或許落日也就是一抹光罷了。

所以，不必把安全感寄存到金錢上，也不必把自尊強加給金錢，更不要覺得有錢躺平就很快樂。從現在開始，認真想一想，你是從哪個瞬間開始覺得自己一定要有錢的？那個瞬間，或許是你對於金錢欲望產生的源頭。順著那個源頭往前走，或許能發現更深刻的東西。

有人可能會想問，我只是想賺錢，為什麼要知道這麼多複雜的東西。原因很簡單，因為搞錢本身就是很複雜的一件事，當你以複雜的視角審視這個世界，你就會覺得它特別簡單；而如果你總是以簡單的視角看這個世界，你就會發現，太複雜了，太害怕了！

總而言之，我們人類本身就是複雜的動物，喜歡沒事找事的動物，有很多欲望的動物，看清這個本源，你會在財富自由的路上走得更加順暢！

二、成為百萬富翁對你來說意味著什麼

曾經全球頂尖的專業基金公司發起過一項調查，是關於白手起家的富翁們的收入構成，也就是說他們是怎麼賺錢的。調查結果顯示，這些富翁們的收入主要分為兩部分：一部分是企業薪資，一部分是利息、股息和資本得利，並且這些收入占比，自一九八九年以後就基本沒有變化。

在這個結果之後，美國一位企業家拉斐爾．巴齊亞又做了一項調查，他花了五年時間，對全球二十一位白手起家的富豪進行面對面訪談，並總結出了五個規律：

第一條，多元的收入來源。在研究過程中，65％的富豪有三種收入來源，45％的富豪有四種，更有29％的有五種甚至更多。在這些收入中，除了工作的工資收入外，還包括理財投資、房產租賃、分紅等。也就是說，當你的收入來源越多，你的財務就越健康、越安全。

第二條，為了投資而儲蓄，而不是為了儲蓄而儲蓄。這條我們在前面強調過很多次，存款的最大價值在於用錢生錢，千萬不要本末倒置。

第三條，堅持閱讀，堅持鍛練。這條我們也講過，閱讀本身無法獲得直接收益，但閱讀所獲得的知識是建立所有認知的基礎。AI為什麼可怕？是因為它時時刻刻都在閱讀、學習，這種資訊的海量輸入能帶來質的變化。但我們不是AI，我們需要休息，所以更需要高品質內容的攝入。除了閱讀，身體是所有認知的承載體，堅持鍛練、堅持運動，保持大腦的敏感，也是很重要的。

第四條，放棄穩定的薪水。一輩子擁有一份穩定的薪水，是大多數人一輩子的生活。雖然餓不死，但也很難實現財富自由。這條在我看來，帶著一些時代的局限性。在現代社會，在堅持穩定的薪資的同時，我們普通人也可以透過業餘時間，創造第二職業曲線，也能實現財富自由。

第五條，明確目標，堅定執行。這個世界上有很多人嘴上說想實現財富自由，但大部分人都是湊熱鬧罷了，他們既沒有想過為什麼要實現財富自由，也沒有思考如何實現，只是隨口一說罷了。世上無難事，只怕有心人。只要你敢想敢做，一切其實都有法可循。

我經常聽到一句話，說當一個人賺到人生中的第一個一百萬時，便擁有了直面命運的勇氣和掌控生活的能力。這句話自然有誇張的成分，但的確，當我擁有人生第一個一百萬時，我對生活產生了一種清醒感。在這個時代，一百萬其實什麼都做不了，但如果你是憑自己能力賺到的，那恭喜你，基本已經形成了自己的財富之道。接下來要做的，不過是重複這個方法罷了。

所以，成為百萬富翁從來不是我們的終點，而是我們的起點。因為當你成為百萬富翁時，意味著你擁有了這些能力：

1掌握規律的能力

前幾天，有位做直播實現財富自由的朋友和我聊天。他說社會運轉其實有一套規律，但關鍵並不在於你有沒有發現這個規律，而在於你是否尊重規律。當直播浪潮開始時，其實他身邊很多人都意識到了這個東西是未來的趨勢，但是他們不願意去改變，或者是覺得直播太淺薄，不願意去做。他那會剛好閒著在家，就去試了試，一試就試出來了個機會。

他的角度很有意思。我們以前總覺得很多規律、資訊掌握在一小部分人手中，但其實這部分人未必成功了。你不僅要知道規律，且要相信規律，擁抱規律，才能吃到規律的紅利。這種思維其實也是共通的，所謂財富的底層邏輯，也就是社會運轉的底層邏輯，也是經濟發展的底層邏輯。當你掌握了財富的底層邏輯，其實也就已經瞭解了這個世界最基礎的運轉規律了。

我們的父母那輩，其實是非常勤懇的一代人，每天早出晚歸，忙忙碌碌，但最終其實沒賺到什麼錢，甚至一年的收入還沒有我一個月的薪水高。為什麼呢？因為他們一直埋頭在自己的世界裡，根本不懂這個世界想要什麼。他們不理解，社會是透過利益交換轉的，他們創造的利益其實是非常非常低的，因此很難賺到錢。

所以，從某種程度上說，當你憑藉自己的能力賺到第一個一百萬時，你已經掌握了一些規律。這些規律，將是你撬起下一個財富的槓桿！

2 更強的認知能力

在一些人的認知中，花錢是一種浪費的行為。很多人在賺了很多錢後，給自己買一件昂貴的衣服，都覺得十分浪費。甚至有更誇張的，有些人認為一切消費都是浪費，世界上根本不應該有消費這種東西。勤儉節約是美德，但更強的認知會告訴你，會花錢更是一種能力。

就拿買衣服來說，很多時候外形是人的第一價值體現。我的一位做形象設計的朋友說過這麼一句話，他說在他的認知中，關注自己外形的人，會對生活更熱情、做事也更認真。當然這只是一條個人經驗，我所說的形象也不是要求我們像明星一樣精緻，只是在合適的場合穿合適的衣服，不能說加分，但至少不要讓外形為自己減分。好的開始，是成功的一半，而當你與客戶見面時，第一眼就是你的開始。

凡事都有兩面性，有陰亦有陽。當我們擁有第一個百萬時，那個時候，我們的認知應該是已經反覆運算升級過的，會對一些看似真理的常識發出質疑的聲音，而這些聲音才是一百萬的價值。

3 更自律的你

財富的積累，除了運氣好外，絕大多數時候都需要我們付出一定的努力。有句雞湯語是這麼說的，「你在三四月做的事，在八九月自有答案」。我自己很喜歡，越是具有價值的事，越難在短期內看到成果。就像股神巴菲特，他之所以厲害，就在於他所信奉的是長期價值主義。

生活的山，需要我們一座一座翻；生活的坑，也需要我們一步一步邁；同樣，人生的第一個一百萬，也是我們一點一點努力出來的。在奔赴財富自由的路上，在我們不斷迎接挑戰的過程中，我們亦會不斷精進、不斷成長，迎來一個更好、更優秀的自己。

當我們擁有一百萬時，所要做的不只是驕傲，或者嫌棄自己（才一百萬而已），而是應該去複盤，我做對了什麼，才擁有了這一百萬？一百萬無法實現財富自由，但它可以作為你的第一桶金，幫你踮起腳尖，看到更大的世界。

有人說，當你覺得自己快撐不下去的時候，恰恰是你力量最強的時候。所以但行好事，莫問前程。當你擁有一百萬時，你所沉澱的能力，將會帶著你在下一個金秋時節滿載而歸。

4 更寬廣的視野

有這麼一個故事，一位富豪坐郵輪出遊，靠近港口時，他遇到一位正在睡覺的漁夫。富豪走到漁夫身旁，問他為什麼不捕魚？說只要他捕到更多的魚，就能賺更多的錢，就可以買船僱人來打魚了。漁夫問富豪：「我為什麼要這麼做？」富豪很理所當然地說：「那樣做的話，你就可以不用擔心生計，可以每天開開心心坐在碼頭上，曬曬太陽睡睡覺，欣賞美麗的大海。」你們知道漁夫怎麼回答的嗎？他說：「我現在就過著這樣的生活呀。」

大家覺得一樣嗎？至少我覺得是不一樣的。漁夫如果是一個人生活，年輕時過這樣的生活還行，年紀大了呢？其實有很多問題。而富翁，他不管時間如何流逝，可以隨時在想看大海的時候，就來看大海。

我舉這個例子，其實是為了告訴大家，金錢最大的魅力，並不在於物質的享受，而是很多有限事物的體驗。如果你是一個互聯網行業的上班族，那你無法知道自己每天錯過的日落是多麼漂亮；如果你是北方人，那你無法想像波瀾壯闊的大海多麼美妙；同樣，如果你是南方人，你亦難以想像沙漠與高山的壯闊。以上這些，我們作為普通人稍稍努力，其實還可以實現。那這些呢？去冰島看一場極光，去佛羅里達享受棕櫚沙灘，去非洲看動物大遷徙，體驗不同民族的文化，爬上最高的山，看到最棒的世界……這些不僅需要很多錢，還需要時間。說實話，這些我一部分實現了，一部分正在努力。

我覺得財富自由最大的價值就在於，我們可以把時間花費在能為我們帶來更多體驗的事情上。很多人在擁有一百萬之後，反而更痛苦，因為身邊的人擁有了五百萬。這種想法其實很幼稚，金錢從來不在於數量的多少，而在於它為我們創造的價值，它能為我們帶來精神成長，亦可以讓我們更好地感受世界。

日本人中最會生活的一個人叫松浦彌太郎。他曾說：「最好的用錢之道，就是將錢花在豐富個人體驗上。」根據調查，將錢花在增加個人體驗上的人，比將錢花在物質上的人會過得更幸福。其實這也很容易理解，買一件漂亮的衣服固然會開心，但這種開心是逐漸下降的，但策劃一次旅行、看一場電影、讀一本書不同，這種體驗會持續留在你的記憶中，反復在不同的階段為你留下最深刻的體驗。

我們總是會被問你最喜歡的地方是哪裡、最喜歡的電影是什麼、最喜歡的歌手是什麼，但很少會被問你最喜歡的衣服是什麼，為什麼呢？因為後者太容易更換，太沒有價值。賓夕法尼亞大學的馬丁·塞里格曼指出，「物質就好比一杯法國香草冰淇淋，第一口味道驚為天人，但吃到第七口，就味同嚼蠟」。換句話來說，我們應該用錢來拓寬視野、創造體驗，而不是買買買。

在這個世界上，很多東西都能被奪走，包括財富。唯一任何人都帶不走的，只有你的能力和你的體驗。為什麼疫情期間，大家在家都被關瘋了，都想出去走走？因為那就是體驗。吹一陣風、發一會呆、看看天、看看夕陽，這些東西，是我從始至終認為，實現財富自由最終極的目標。

所以，成為百萬富翁對你來說意味著什麼呢？我想就是一句話，當你成為百萬富翁時，你一定是一個更好的你！

三、擺脫原生家庭財富模式

在我研究財富這門學問後，被提問最多的問題，都是關於金錢的。但是與大家想像中不同，我被問最多的並不是「如何賺錢」、「如何省錢」、「如何投資」等這些問題，而是——「為什麼別人都可以賺到錢，而我卻不行呢？」

在第一次被問到這個問題時，我非常認真地幫助那個人進行了分析和研究，給出一整套解決方案，並且輔助他進行改變。後來被問得多了，研究的樣本多了，我發現了這群人有一個共同的規律。我一般會透過三個問題來判斷他們的情況，這三個問題分別是：你認為錢是什麼？你的父母認為錢是什麼？你和你父母的關係好嗎？三個問題問完，基本就可以對這個人的財富觀做一個判斷。

如果你覺得自己已經拚盡全力，但還是賺不到錢，或者說賺到了錢卻總是守不住錢，守住錢卻不能讓錢為你帶來錢，那其實很有可能是你的財富命運在很久之前已經被寫好了。而書寫你的財富命運的人，就是你的父母。

窮人家的父母總是會向孩子灌輸——「屎難吃錢難賺」、「家裡賺錢難」、「我們辛辛苦苦拉扯你長大」這樣的金錢觀念，在日積月累的童年生活中，逐漸讓金錢沉重的一面浸入到孩子們的腦中，種植在他們的心中，從而變成一種潛意識的金錢壓力，認為錢就是很難賺，我只能賺到這些錢，根本無法擺脫這種潛意識來客觀地審視金錢——其實只要用對了方法，錢或許並沒有那麼難賺。甚至有很多小時候受到金錢壓迫的孩子，在剛長大後會養成衝動消費的習慣。很多東西小時候父母不讓買，那長大後便瘋狂補償給自己，成為卡奴、債奴，被消費主義裹挾。

在這個世界上，比起「寒門再難出貴子」這樣的階級困境，更多的是這樣潛在的認知困境，因為很多人可能終其一生都不會意識到，自己窮是困在了一出生就開始的金錢教育中。

原生家庭對一個人的財富命運影響有多大？

有人把原生家庭與我們的關係作過一個比喻：小時候的我們，就像是一台二十四小時運轉的攝影機，把我們所接觸到的所有東西拍了下來，這裡面最多的便是我們父母彼此的交流、與我們的交流；而等到長大後，我們便像一台放映機，緩緩將那些資訊透透過我們自己播放出來。仔細去想，很多困擾我們的生活難題，比如親密關係、金錢、交友，其實盤根究柢，最終全都會回到原生家庭這裡。

什麼是原生家庭？從心理學的角度來分析下，所謂原生家庭便是指我們從出生到建立世界觀期間的家庭。原生家庭通常由父母、兄弟姊妹等成員構成，而父母則是對我們影響最大、最長久的角色。近幾年隨著社會觀念的發展，原生家庭的概念已經走入很多人的視野之中，而根據心理學的研究，人幼年時的生活經歷，尤其是家庭中的經歷會對一個人性格有至關重要的影響，這種影響甚至是永久的，也甚至會關乎一個人一輩子的幸福度。

我有一個朋友，其實他們家並不是窮到真的需要克勤克儉才能活下去的地步，但在他童年印象中，他們家非常非常窮，是世界上最窮的人，而他的父母吵架的原因永遠是錢。在他長大後，他憑藉自己的本事也賺到了一些錢，但這些錢在他手中根本留不住。為什麼呢？因為他一直覺得自己是世界上最窮的人，既然是最窮的人，口袋裡怎麼能有錢呢？

還有一位朋友，與前者的原生家庭相似，但他的表現是拚命賺錢、拚命存錢，對待自己非常的節儉。我記得有一次我們出去吃飯，那天是他的生日，所以就想吃點好的。我們去了一家比較高級的日本料理店，也就人均人民幣五百元左右（以他的實力絕對負擔得起），但他非常的不舒服，進去後簡直是坐立難安，因為在他看來自己這是在亂花錢。他不光是對金錢，甚至對愛也有嚴重的不安全感，交過很多女朋友，但最終都分手了，因為沒有人能受得了他如此摳門的一面。他一度覺得是自己性格有問題，後來才慢慢瞭解原來這是小時候的自己在作祟。

往更深了去追究，其實影響你這一生的原生家庭問題背後，還藏著更深的因果關係——你的父母的原生家庭。這幾年原生家庭觀念流行後，很多人第一件事就是去反問和指責自己的父母，似乎要將自己所有的失敗都推給自己的父母。我承認原生家庭的威力，但我絕對不認可這樣的行為。我們的人生終究是自己的，我們要對自己負責任，既然已經知道了自己的因，接下來要做的並不是去指責，而是繼續從更高的維度去看為什麼會有這個因。一代人有一代人的限制，如果你的父母也是被這樣教育長大的，你難道要指望他單憑自己的心智就逃離社會的規訓嗎？太難了。

原生家庭是西方來的詞，從我們傳統文化的角度來看，其實還有一個詞，叫作因果律。對因果律最低維度的理解是，善有善報，惡有惡報，不是不報，時候未到。但其實這是最淺顯的理解。因果律更高一層的運行邏輯，並不是從善惡二極來將人進行劃分，比如你是好人他是壞人，而是從另外一個角度來看問題，人的行為是沒有對錯之分的，對錯是社會規訓的結果而已。

那因果律高層的運行邏輯是什麼呢？是更大的社會的邏輯運轉，會透過一個個齒輪，體現在我們個人身上。比如當社會的號角吹響改革開放時，敢做生意、會做生意就成了本事，借著這股浪潮，改變了幾千年重農抑商的思想，從而使這種思想像一股塵土，撒在了千千萬萬的個人身上，而每一個人最終將影響他們的子女，形成今天的我們。當然，這是我舉的特別簡單的一個例子，但邏輯大致是這樣。

當我們看到今天的自己時，不僅要審視我們自己，也不僅要審視我們的父母，更要去審視他們那一代人與社會那一代思潮。每個人都有每個人的局限性，而有些人之所以厲害，能走到金字塔頂端，能夠實現財富自由，就是因為他打破了自己的局限性。

原生家庭的認知差異

窮人和富人，差的真的是錢嗎？這本書讀到這裡，我想你應該不會再立刻回答「是」了吧，應該會知道比錢更可怕的，是彼此的思維差距。同樣，在原生家庭中，比起資源的差距，最大的差距是父母帶給孩子的認知差異。

從客觀事實上說，原生家庭經濟條件更優渥的孩子，從小會得到更多的資源，吃得好、穿得好、學上得好，從小遠超同齡人一大截，而長大之後更是早早實現財富自由。比如碧桂園集團創始人楊國強之女楊惠妍，從小父親帶著她參加公司各種的董事會，從小國外留學，長大回國投資，現在已正式上任接手碧桂園的全部工作，成為名副其實的二代接班人。與她相反，很多人原生家庭經濟條件本身就一般，甚至更差，我們只能接受到最基礎的教育，成為和其他人一樣的平凡孩子。

我之前也曾經將一切問題都拋給父母、拋給金錢，但我後來想了想，我也認識很多原生家庭很差，但憑藉自己闖出一片天的人，縱然概率很小，但為什麼他們能做到呢？我觀察了一下，我覺得最重要的是，他們早早知道了自己的局限性，並且學會打破自己的局限性。

假如你的父母是懂經濟學的人，那麼他們會在你很小的時候注重培養你理財觀念、對金錢的正確認知，將你培養成一個有財商的孩子。但很可惜，你的父母不懂，到這裡，很多人便會自暴自棄了，但知命而不認命，正是成功者的所為。從這一點起，其實很多人就輸了。

在我的觀察中，那些白手起家的人，他們會透過十年如一日的堅持和努力來改變自己的認知。原生家庭固然重要，但它並非是不可改變的，就像是一頭栓在柱子上的小象，第一次試圖逃脫失敗後，長大後就再也不會逃，但如果長大後它再勇敢嘗試一次，就會知道那根柱子再也束縛不了它，因為它長大了！很多人年紀增長了，但心智卻沒有，始終停留在小時候的那個自我，做得好希望得到父母的誇獎，做錯了害怕父母責罰，不斷透過他們的肯定來肯定自我。

我將心智成長的過程，稱之為斷奶。因為就像嬰兒斷奶時會非常痛苦，會號啕大哭，我們的心智成長時，一樣會痛苦。有時候對父母的合理反抗，甚至會被貼上不孝順的罵名，但我們必須知道，我已經長大了，我的一切都可以由我自己來決定，成為什麼樣的人、過什麼樣的生活，都可以順由我的喜好。前面講的我那位「存錢癖」的朋友，也是在我的建議下，去讀了一些原生家庭方面的書，去尋找心理醫生聊了聊，也在慢慢試著去調整他的金錢觀念。在疫情結束後，我聽說他已經計畫去出國遊了，帶著他新認識的女朋友，這對於他來說，真的是非常大的一個進步。

這裡有一張表，可以用來判斷你有沒有被原生家庭傷害過；如果你是父母，也可以自我檢測自己有沒有這樣傷害過孩子。一共有二十七個問題，如果超過九道題答「是」，那就證明你被傷害過，也存在極大的可能會去傷害你的孩子。

當然，這個表格並非非常嚴謹，只是作為參考。建議最去和心理醫生聊聊，其實每個人多多少少都有原生家庭的問題，瞭解自我才能成為更好的自我；如果沒有條件或者比較抗拒心理醫生，可以去讀讀一些心理學相關的書籍，比如《也許你該找個人聊聊》、《蛤蟆先生去看心理醫師》，都是非常不錯的心理學科普入門書，輕鬆有趣。

小時候：

Q1：你是否經常被訓斥一無是處？
Q2：你是否經常被體罰？
Q3：你害怕父母喝酒嗎？
Q4：你父母經常不理你嗎（因為他們的問題／事情）？
Q5：你需要因為父母的問題反過來照顧他們嗎？
Q6：你受到過性騷擾嗎（只要讓你覺得不舒服的）？
Q7：你是否害怕你的父母而不敢表達？

長大後：

Q1：你經常忍不住傷害別人嗎？
Q2：你害怕親密關係嗎（被傷害、被拋棄）？
Q3：你覺得別人對你好嗎？
Q4：你覺得你很倒楣嗎？
Q5：你覺得自己活得很累嗎？
Q6：你是否擔心別人一旦瞭解你就會不喜歡你？

Q7：你害怕變得成功（有錢）嗎？
Q8：你會突然變得特別憤怒或者難過嗎？
Q9：你是完美主義者嗎？
Q10：你放鬆和享受生活時會覺得愧疚嗎？
Q11：當你想幫父母做事時，經常發生衝突嗎？

長大後，你和父母的關係：

Q1：父母仍然把你當成孩子對待嗎（在一些原則性事情上）？
Q2：你大多數的決定都必須徵求父母意見嗎？
Q3：和父母待在一起，你情緒會很激烈或緊繃嗎？
Q4：當你與父母意見不同時，你害怕嗎？
Q5：你的父母會用金錢／愛／暴力來控制你嗎？
Q6：你覺得父母不高興都怪你嗎？
Q7：你覺得你需要對父母的情緒負責嗎？
Q8：你總是覺得自己對不起父母嗎？
Q9：你是否總覺得父母會變好所以寬容他們？

四、精神內耗影響你的賺錢速度

隨著「二舅治好了我的精神內耗」、「八十一歲院士談精神內耗」的話題頻頻衝上熱搜，「精神內耗」一詞也一躍成為二〇二二年的「十大流行語」之一。

什麼是精神內耗？

所謂精神內耗，也叫作心理內耗。它指的是我們對自己的自我控制本身會消耗我們的精力，當精力資源不充足時，我們就會處於一種內耗狀態。換句話來說，如果你並不是因為身體勞動感到疲憊，也不是因為工作加班、腦力勞動感到疲憊，而只是覺得一種莫名其妙的累，那十有八九就處於精神內耗中。

舉個例子，你剛畢業，找到了一份待遇還不錯的工作，但是工作內容本身很無聊，可能偏向於機械重複。你一邊覺得自己很年輕，不應該把時間浪費在這種沒有上升空間的工作上，你一邊又知道憑藉自己現在的能力，根本找不到待遇又好工作又有趣的工作。於是你想透過備戰考研來提升自己的學歷，增加競爭力，但又陷入了兩難之中，如果在職備考，每天工作之後回到家只想休息，很難再看進去書；如果脫產全心備考，萬一考不上自己豈不是浪費一年時間，而且還要忍受父母的白眼與指責……日復一日，你每天都會陷入到這個思考循環中，「辭職還是不辭職」、「考研還是不考研」、「換行還是不換行」，這些問題像一個無底洞一樣，吸走了你所有的熱情與能量，你每天哪怕什麼都不做也會覺得十分疲憊。長此以往，這種來自內心的消耗不僅會讓你對生活失去熱情，更會對自己失去自信。

這是從社會經驗中得出的定義，如果從醫學角度來看呢？上其實「精神內耗」既不是心理學的專有名詞，也不是醫學術語。它只是反應當青年人普遍存在的一種心理情緒，簡單來說，就是想得太多。結合臨床案例來看的話，精神內耗其實覆蓋了很多的情緒問題，比如焦慮、擔憂、迷茫、害怕、不滿等等，多為負面情緒。

其實不管是從社會經驗還是醫學角度，精神內耗就是一場自我對抗的比賽。你的心中有兩個你，一個安於當下，想吃吃喝喝玩玩樂樂；一個嚮往遠方，想擁有更多的體驗和美好。兩個你在日常生活中不斷拉扯，想往前邁，有人會拽住你，讓你找不到方向；想往後退，依然會有人拽住你，讓你無法後退。在這種對抗中，因為你的敵人就是你自己，所以越對抗越消耗，最終陷入閉環之中。

精神內耗從何而來？

我曾經有次去醫院看病，在候診的時候見到一位女生在哭，哭得很傷心。我掏出一張紙遞給她，她或許是實在太難過了，竟然對我一個陌生人開始講她的困擾。其實她很優秀，海外留學背景，又去了一家既體面薪水又高的公司，說句老實話，碾壓我們90％的普通人。但是她過得卻特別痛苦，她不僅覺得自己的工作沒有意義和價值，甚至覺得不如自己過去的一些好朋友，儘管那些朋友在世俗定義中可能並不算成功。

這其實也解釋了精神內耗的來源，它其實並不和你的客觀成就有關係，而是純粹的心理壓力，而且或許更有可能出現在那些看起來更優秀的人身上。比如，很多年輕人可能在成長過程中，一直按部就班實現著父母的期望，考個好大學、找個好工作、嫁個好男人，但走著走著，可能會忽然開始迷茫，自己到底想要什麼？比如，我們作為普通人覺得自己已經很努力了，但是上網一看，這個世界有那麼多家境本來就好，自己又特別努力的人，就像你努力一生抵達羅馬，而有些人的起點就是羅馬，這之間巨大的落差讓我們的內心生出莫名的焦慮感，難道我的一生就這樣了嗎？再比如，有些年輕人其實很有想法，想去創業、做自己想做的事情，但這些在父母眼裡可能都是不切實際的空想，當自己的選擇與父母產生衝突，與之而來的迷茫與困惑，也會讓我們反復去和自己對抗。精神內耗從何而來？源頭仍然是我們的內心，我們想要實現的與我們的現狀之間的一場巨大的撕扯。其實，我們想要的永遠在變，兩者之間良好的差距本應該會成為一種良性的動力，去激勵我們不斷努力，不斷挑戰，但如果過大，便會形成這種內在的消耗。

精神內耗如何影響我們？

戰爭的威力與後果，每個人都十分清楚。但這場無形的自我對抗之爭的後果，卻未必每個人都清楚。精神內耗對於我們的精神和身體都有巨大的傷害。從小的方面來說，會讓我們的自我評價變低，做事意願和效率降低，睡眠品質變差，生活狀態會變得沒有任何熱情，會影響個人生活的正向發展。

我有一個外甥女，她的父母都是大學教授，自然對她的要求也比較高。她一直都是學校的第一，如果沒有考到第一，即使父母沒有說什麼，她也會不斷指責自己。時間久了，便會形成負擔，每次考試前都會忍不住想，要是這次沒考第一怎麼辦，導致晚上睡不好，考試發揮也出現了問題，甚至後來體重都開始下降了。父母也不知道什麼情況，也怕給孩子壓力太大，便假裝無事，但這種情緒一直沒得到疏導，便一直積壓在她心中。後來我去他們家玩，無意間和外甥女聊起這件事，她悄悄告訴了我，我答應她不告訴她的父母，幫她努力調整了一陣子，後來才慢慢克服了。

這些失眠、焦慮、體重減輕等症狀，還算是比較輕微的精神內耗。如果是更嚴重的，便會導致高血壓、冠心病以及腫瘤等疾病。我有位朋友是醫生，他私下聚餐和我們聊起，說這些疾病的病理性比較複雜，但多少也與心理有關係。而且醫學心理學的研究也表明，如果長期處於精神內耗中，便會形成抑鬱、精神萎靡、精神恍惚甚至精神失常，並且還會引發其他多種身心疾患，比如常見的偏頭痛、缺血性心臟病等。精神內耗由於其隱蔽性，很少被人們所重視，在長期的潛移默化中，反而成為影響我們身體健康的「隱形殺手」。

如何避免精神內耗？

說實話，在看到全網討論「精神內耗」時，我還是挺高興的，至少說明大家終於開始正視這種情緒了。當然，妄想靠一個影片、一本書、一個錦囊妙計治好精神內耗，是不可能的事情。就像實現財富自由一樣，路是一天一天走出來的。在我看來，我們應該先去梳理自己的生活，有目標是好事，但不切實際的目標，可能反而形成一種阻攔。有句話叫「但行好事，莫問前程」。其實或許這是最適合解決精神內耗的妙招。

我作為一個普通人，自然也陷入過精神內耗之中。每當我出現這種情緒時，我會試著從這幾條來慢慢說服自己，也分享給大家。

第一，不要在意他人的眼光。說句實話，當你不在意別人的眼光時，別人反而開始在意你的眼光了。不要在意他人的眼光，不是讓你沒有禮貌不懂禮儀，而是在一些重大決定上，多跟隨自己的心意。最簡單的，是否買一個包，只取決於你是否真的喜歡，而不是其他人是否會因此羨慕你；當你想換一份工作時，只取決於你是否想做，而不是身邊人是否認可。我們就活一輩子，短短數十年，即使你達到所有人的標準，又能如何呢？眨眼而過，那些評價其實完全不能為你帶來什麼。

第二，凡事從最壞的一面出發。世俗道理總是讓我們樂觀，但現實中，凡事都樂觀，很容易被沉重的現實捶死。所以我養成了一個習慣，凡事做好最壞的打算，反而讓我看起來變得樂觀了起來，因為不管發生什麼，都在我的控制範圍內，也因此我減少了很多無謂的消耗。

第三，Just do it。我非常喜歡 NIKE 運動品牌，其實與它的產品無關，僅僅是因為這句標語實在是太能給人力量了。生活中的大部分事情，當你糾結做不做的時候，就去做。做了不管結果如何，這件事就到此為止了；如果不做，這件事將纏繞你一輩子，你會在無數個瞬間冒出想法，如果當時……所以，Just do it，這是減少內耗最有用的方式。

第四，永遠不要攻擊自己。這應該是很多人小時候養成的習慣吧，當我們把水灑了的時候，父母會大聲呵斥我們；長大後，當我們再把水不小心弄灑時，總是忍不住心裡一驚，但其實弄灑一杯水而已，是什麼傷天害理的錯事嗎？我到現在，每次弄灑水的時候，我都會告訴自己，沒關係，只是一杯水而已。這個微小的暗示其實幫助了我很多，再遇到很多事情時，有時候真的怪我自己，有時候並不怪我，只是運氣問題，我會將其分開，盡可能從理性角度來判斷，而不是在事情發生的一瞬間，就立刻呵斥自己，你怎麼這麼笨！我覺得這是非常重要的事情，精神內耗本質是對自我的懷疑，而自我的懷疑其實很多人是在小時候種下的種子。

第五，運動。既然精神內耗是一場自己與自己的戰鬥，那必須讓自己變得強悍，才能將這場戰鬥所帶來的傷害值減小。運動是我覺得性價比最高的事情，每天大約二十分鐘，出出汗跳跳操，心情就變得非常愉悅，而且會帶來非常大的正向情緒。這種情緒感染力，對於抵抗精神內耗，是非常有用的。

以上是我對抗精神內耗的幾個方法，如果你能真正去應用，一定會有幫助。精神內耗既然是我們自己的戰鬥，由我們開始，也只能由我們自己結束。所以，裝備自己的內心，讓它變得強大！當你有一天不內耗的時候，你會感受到這個世界是非常自由的，而你也變得前所未有得強大！

五、跟內捲和無效競爭說拜拜

我有一個朋友是一線城市的一所重點中學的語文老師。隨著競爭的逐漸激烈，中考成績已經開始變得和高考一樣重要了，這是她向我展示的她一天的時間安排：

5:40 起床，洗臉刷牙；
6:25 出發，路上隨便買個包子作為早點；
6:40 簽到；去教室檢查課代表有沒有書寫早讀要求，如果沒有，自己補上；
6:50 開始值班；
7:20 回到教室，開始上早讀；巡視兩個班級，解決學生問題；
7:45 早讀結束，回辦公室休息幾分鐘，準備上課；
8:10-8:50 第一節課；
9:00-9:40 第二節課；
9:55-10:35 集體教研，備課；

10:45-11:25 聽課；下周就輪到她被聽課了，要開始準備；

11:35-13:30 吃飯，午休；

13:30 簽到；

13:40-14:20 第一節課；

14:30-15:10 第二節課；

16:20-17:00 開會……

17:20-18:30 值班……

後面還有晚自習，晚自習結束後，還有學生提問題……並且一週工作六天，只有週日才能休息。但她說這些不是為了抱怨自己辛苦，而是想表達學生的辛苦，很多學生在她的時間表基礎上，還要擠時間上父母報的補習班，還有課外特長班……

她說自己作為一個成年人，時常都有喘不上氣的時候，完全不敢想那些孩子，是如何十幾年如一日忍受著這麼大的壓力的！並且她還說，這不就是內捲，看似所有人都在努力，但其實只是延長了終點線，每個人的努力只是白努力而已……這兩年「內捲」這個詞非常流行，那麼到底什麼是內捲呢？

什麼是內捲？

內捲的英文翻譯是 involution，直接理解是「向內延伸，跟別人一起一圈一圈地轉」。有一位自然科學家是這麼科普的，他說內捲這個詞原是用來描述貝殼的，一般貝殼的尖尖會伸出來，而內捲的貝殼，它的尖不是往外長出來的，而是一直往裡延伸，在裡面形成一圈一圈的捲。

後來，內捲最開始出現在人類學家的研究中，是美國文化人類學家紀爾茲首次在對爪哇島的農業經濟分析中提到的，用來解釋為什麼農耕社會長期很難再實現大的突破。在他的研究中是這麼講的，隨著農耕經濟越來越精細化，按照理想邏輯，每個土地單位上的投入越多，產出也會越高，但其實並沒有，所增加的產能恰好抵消了多投入的成本，形成一種奇特的平衡狀態，很難被打破。

為什麼農耕經濟裡有內捲？正是在耕作的時候，每個人對每個細節都過分地關注，但到最後收穫時發現，產出與你的投入沒有關系，甚至是負增長。項飆教授舉了個例子，說如果你在一個荒島上去種地，用非常粗獷的方式去耕種，那你最後計算出來的投入產出比例其實更高。清華的孫立平教授這樣說過，中國農民種地就像種花，簡直是把「精耕細作」四個字實踐到了極致。後來再有學者，又將內捲的概念拓展到了中國農業經濟史的分析，總體都是一個意思，即內捲就是「高水準陷阱」。

雖然「高水準陷阱」最開始是應用在農業分析中的，但其實和我們現在社會生活中所面臨的困境是一樣的。最開始的高水準陷阱是這樣的：雖然中國很早就在農業技術、行政管理、社會組織等方面達到了一定的水準，但到這個水準後，一直被限制著再沒有突破。從農業生產來說，我們開墾了所有能開墾的土地，土地是有限的，但是人口卻一直在無限增長，那麼人口的增長靠什麼來維持？靠的就是精耕細作，所謂內捲的方式。

這是農業社會的內捲，後來有學者將內捲延伸到行政和政治上，舉例說清朝末年的新政為了加強國家權力的控制，國家投入了很多錢，建了很多官僚機構，但是不僅國家的行政能力沒有增強，並且成了巨大的拖累，這也是許多封建帝國滅亡的原因之一。

以上這些看起來好像和我們今天討論的內捲沒什麼關係，但其實追根溯源會讓我們更好地理解這個詞語。內捲的狀態不僅存在於我們之中，它其實存在于社會的方方面面，只是這幾年因為時代的趨勢，在人的身上逐漸被放大了。

我讀了一篇文章，叫作《母職的經紀人化》，顧名思義，就是說母親這個身分已經逐漸職業化，變成了孩子的經紀人。我當時看完這篇文章不太理解，便和我的一位朋友聊了聊，她剛好生了孩子，晉升為母親。相比於我，她對這篇文章更有共鳴，她說當媽也在逐漸內捲，因為媽媽可以為孩子做的事情簡直是無窮無盡，越做越多。她舉了個例子，她和另外一位媽媽，即使為孩子做的事情一樣，但花的時間不一樣，比如塗身體乳這個事，臉上和身上不一樣，身上和屁股又不一樣，會分得特別精細，而越精細所帶來的壓力就會越大，但你如果不這麼做，身邊的媽媽都這樣做，你就不禁會懷疑自己是不是不夠稱職！

總結母職的內捲，主要是兩個方面：一方面是社會的壓力，社會發展得越來越快，諸多社會壓力會疊加在母親身上，會讓她透過精細化地照顧孩子，來緩衝這些壓力；一方面則是母親之間的同層壓力，母親的身分就像是一個無底洞，好可以更好，更好還可以超級好，只要有比較存在，就會不斷捲起來。這兩者交叉在一起，導致母親感到一種枷鎖和壓力，同時這種感覺又會傳導給孩子，最終這種因好意而產生的高成本養孩子的規則，最終反過來不僅沒有幫助孩子成長，反而成為傷害孩子的最大的源頭。

總結來說，內捲有以下這麼幾個特點：

1 將簡單的事情複雜化

我有個侄女今年升了大學，期末考試有些課程需要寫小論文。她說老師要求字數在三千字，只要邏輯清楚、有理有據即可，但光是她們宿舍四個人裡，就有兩個寫了五千字，甚至有一個寫了一萬字……而這位同學也因此得到了老師的誇獎，現在全班都得跟著她提高字數，一萬字朝著兩萬字前進，但其實根本不需要寫那麼多字，為了湊字數很多人簡直就是廢話生產機器，把一個詞拆成一句話，把一句話拆成一段話……她很煩惱，所以來問我怎麼辦？我聽了也沒有什麼好辦法，只能讓她嘗試和老師去聊聊。

這便是內捲最典型的一個表現，將簡單的事情複雜化，在不重要的事情上不斷雕琢，浪費資源，浪費精力，浪費生命。

2 無關緊要的面子工作

這個我深有感觸，每週寫工作週報，開始是簡要在文檔列1、2、3點，後來有人做了PPT，於是大家都開始做PPT，再後來PPT排版越來越精美，再再後來週報簡直成了炫技大賽。而不管是文字檔還是PPT，其實核心內容都沒變，所傳達的資訊也是一樣的，但卻平白多了許多無謂的工作。每次到了週五，什麼工作都不能安排了，必須全心全意準備ＰＰＴ，完全背離了最初設定週報的意義。

3 追求細節完美而背離大目標

每到年底，每個人都要制訂自己的新年計畫，希望明年能夠更自律變得更好。但一個人是否變得更好，最關鍵的在於他的意志力和行動力，但偏偏絕大多數人不在這兩點上下功夫，而是買各種各樣的筆記本、打卡工具、思維導圖，或者將每天的計畫列得滿滿當當，每個細節都堪稱完美，但最終那些筆記本幾乎沒用過，那些計劃也連一天都沒有堅持過，這些其實也是一種無效內捲。

當你想做一件事情時，不要忙著去填充細節，而是先列好大框架，找准核心關鍵點，圍繞關鍵點發力，最後才能成功。如果一開始就沉溺於細節之中，就像在沙漠中行走一樣，明明是一直往前走的，但最終卻偏離了終點。

既然內捲的壞處如此之多，我們該如何避免內捲或者被內捲呢？關於這一點，我有個朋友這樣說：內捲是社會發展的必然結果，既然內捲無法避免，我們要做的，就是比別人跑得更快，捲跑別人的路，讓別人無路可捲。這不失為一個辦法，我曾經也是這種理論的信奉者。有段時間，我每天早上五點起床，運動一小時，六點洗漱收拾後，六點半開始工作，晚上則九點開始休息，但我的休息也不是享受型的，而是看書、學習英語、整理資料等等，做些不那麼重要但仍然是工作的工作，這樣持續到晚上十一點，睡覺。

這樣的作息時間，如果是短期衝刺某件事情還好，但如果是長期堅持的話，整個人會變得非常緊繃非常累。舉個例子，有天早上我實在是太累了，多睡了半個小時，我的運動時間就只剩下了一半，導致我非常自責，一整天都在批評自己，為什麼會起不來，陷入了非常低落的情緒狀態中。甚至有時候朋友約我吃飯，我覺得他們是在浪費我的時間，我明明有那麼多事情要做，哪裡來的時間和他們吃飯？

最後那次堅持以我去看心理醫生而告終。即使是貝殼，捲到一定程度也會停止，更何況是人？終極的內捲迎來的必將是自我的毀滅，所以切勿以這樣的心態來迎戰內捲。後來，我又嘗試了一些新的方法，最有用的還是這一個：和自己內捲。

對於很多陷入內捲情緒的人來說，讓他不內捲比登天還難，因為已經養成了習慣，或者說這是刻在我們DNA裡的東西。既然如此，那我們仍然捲，只是內捲的物件從別人換成自己，只要今天的你比昨天更厲害一點，那你就是成功的。

就拿寫作來說，我昨天寫了五百字，那我今天寫五百字或以上就很高興；我去年胖了十二公斤，我今年保持體重不變，那其實我也很努力了。跟自己捲的核心在於，把標準建立在自己身上，不做無用功，你努力的每一分能切真實際地帶來你的成長與變化。

我不知道內捲是否是社會發展的必然，但我確信對自我有要求的人才會陷入內捲的陷阱之中，但卻被它逐漸吸去自己的能量與才華。任何事物都有兩面性，只要我們發現內捲的正向性，並對其加以利用，它仍然能成為助力我們實現財富自由的東西。學會讓自己成為自己的標準，與自己內捲，在自己人生這條賽道上，一天比一天跑得更快、更好，這樣財富自由的終點，必將離你越來越近。

第七章

財富是幸福的管道

一、富裕是一種責任

我最喜歡的電影《華爾街之狼》中，李奧納多飾演的股票經紀人喬丹．貝爾福特，曾有一段非常精彩的演講，他這麼說：「我來告訴你們一件事情，這世上，做窮人不光彩。我富過，也窮過，我每一次都會選擇成為富人。」

都說「錢乃萬惡之源」，但真正生活在這滾滾紅塵中，誰又能逃得開金錢呢？

富裕是一種美德

在本書剛開始我就告訴過大家，掌握財富自由邏輯的第一課就是明確對財富的認知，要坦坦蕩蕩接受自己賺錢是一種美德這個觀念。「我們就是要賺錢」、「我們要賺更多的錢」，當我們賺到錢時，說明我們為社會、為他人提供了價值，或者是有價值的產品，或者是有價值的服務。市場是最聰明的也是最公平的，不會讓一個人無緣無故賺到錢，如果你能夠賺錢，說明你所提供的東西是市場所需要的，且在市場上具有較高價值的需求，你應該感到高興、驕傲與自豪。畢竟有那麼多人削尖腦袋想賺錢，你賺到了那就是你的本事，你沒有賺到那繼續再接再厲就好了。

我們被儒家思想所綁架，總覺得金錢是萬惡之源，但實際換個角度想，如果你能賺到錢，說明你為社會提供了價值，既然你能為社會提供價值，就說明社會因為你運轉效率更高更快，讓我們的國家、人民變得更好，這難道不是一種美德嗎？

我身邊有很多人雖然賺到了錢，但總覺得自己幹了壞事，也不好意思跟別人分享自己的致富經驗，有個朋友就是這樣。有一次我們聊天，我就從財富與社會價值的角度幫助他去梳理事實，也慢慢讓他接受了這樣的觀念。後來他告訴我，他理解賺錢是一種美德的時刻是在發薪水的時候，他不斷地鑽研自己的業務，讓公司越來越能賺錢，然後能夠招更多的人，為很多人創造工作，當看到員工收到薪水和獎金而流露出喜悅時，他發自內心地高興，感覺真的體會到了賺錢的意義。

當然了，也有人會說，社會上的很多壞事都是因為錢產生的，如果沒有錢，也就沒有這些事情了，難道這樣賺錢也是美德嗎？記性好的朋友或許還記得，我在前面仔細解釋過，壞事不是因為錢產生，而是因為欲望，錢只是欲望的載體而已。

我們應該從兩個方面來合理區分對錢的認識：一是要區分透過價值獲取的收益與鑽空子賺黑錢，我所說的賺錢是一種美德，皆是建立在合理合法的賺錢方式之上。有些人利用法律漏洞、人性弱點也能很快賺到錢，但那並不是我所提倡的，因為它和「騙」更像，而不是「賺」。我在成為百萬富翁那節說過，一百萬只是事情的結果，隨著一百萬而來的，是更好的我們。同樣，賺錢亦是結果，最重要的是自己擁有的能力。而鑽空子的賺黑錢方式並不能讓我們有長期發展的能力，也不是我所談論的賺錢，大家應該區分清楚。

二是我們應當把賺錢這件事和有錢人的行為區分開來。賺錢本身，是在市場上透過價值交換獲取資金，是市場價值的體現。而有些人有錢之後，或自我膨脹，或揮金如土，但那都是他利用錢來放大自己的欲望。這個時候的錢就像是一把刀，刀本身沒有問題，有問題的是握著刀的那個人罷了。

理解這兩個問題，對待賺錢這個事我們就會有自己的一桿秤，能學會從兩面分析解剖內在的邏輯。我所提倡的賺錢理念，也是本書想傳達給大家的財富自由的理念，學會用好錢這把刀。

富裕是一種責任

此處我所說的「責任」，並不是日常生活中我們所提到的責任，比如「賺錢養家」

的責任，比如「結婚生子」的責任等，而是承接前面所講富裕是美德時所產生的一種責任。

如果你有雄心抱負，你也有本事和能力，那賺錢是你應該也必須做的事情，既是你身為社會人所應負的責任，也是你作為一個能夠幫助社會創造財富、有天賦的人，所應盡的責任。正如我們前面所討論的，你所提供的產品或服務受到市場的認可，從而獲得了利潤，那麼此時保證這種產品或服務的連續性，既可以維持你的利潤，也可以豐富市場，為社會資本的流動提供活力，整個社會都可以因此受益。

而如果你的產品或服務因為各種各樣的原因，不再受到市場的追捧，那麼相應的你也無法得到利潤，運轉的鏈條便會截斷。消費者會受到損失，因為失去了自己喜愛的產品或服務，社會也會受到損失，因為產品或服務的多樣性變少，你更是會受到最大的損失，失去的不僅是金錢，更是持續創造利潤的能力。在這個過程中，很多損失都是抽象的、很難客觀描述的，而最直接的便體現在金錢上，幾乎可以概括為：能賺錢，社會、消費者、你三贏；不能賺錢，社會、消費者、你都會受到損失。從這個角度看，保持持續的賺錢能力其實就是一種責任。

就像我那位朋友，疫情期間他幾乎徹夜不眠，時刻在想辦法提高公司的收益和利潤。在普通人眼中，或許覺得這個人真是瘋了，錢有那麼重要嗎？真是鑽進錢眼子裡了？人要是死了，錢不就沒了？但在我們這些人眼中，非常理解並且認可他的行為。他的公司疫情前剛進行擴張，上下大約有五百多人，如果公司效益不能夠保持疫情前的水準，而當時疫情又不知道什麼時候會結束，一旦公司倒閉，這五百多人就會立刻失去工作……疫情時工作有多難找想必大家都還有記憶，他電腦桌面是五百人的合照，每天一睜眼便看著這五百張臉給自己提供動力。到這個時候，錢其實並不重要，他在意的也不是錢了，而是一種責任，幫助自己的員工保住工作的責任！

所以，無論是創業當老闆，還是在職場為老闆打工，賺錢都是光明正大、天經地義的事情。《武林外傳》裡白展堂說過一句話，被網友們截圖出來傳播甚廣，他說：「我出來打工，不看錢看什麼？」是啊，說白了，錢固然不能體現我們全部的價值，但至少可以體現我們的市場價值。沒有錢，我們吃什麼喝什麼？沒有錢，我們的精神世界如何充盈？沒有錢，我們如何在有限的時間裡體會更大的世界？沒有錢，我們又當如何保護我們所愛之人？

孟子說，財富充盈的人，即使遇到凶年，也不會餓死；道德高尚的人，即使處在亂世，也不會迷了他的心智。在經歷過疫情後，這句話對於我們來說更容易理解。手中有糧，心中不慌，一個人若是生財有道，遇到荒年，也能堅持到底，等到豐收的來年。從孟子的智慧來看，利亦是十分重要的。

《易傳．乾文言》曰：「利者，義之和也。」這句話也就是我上面所說的，要透過義的手段來賺錢，才是一種美德，繼而才是一種責任。尋找自己的價值所在，放大價值以在市場上獲取利潤，這是我們人生的一大目標。我們有本事透過價值來獲取報酬，才能有一天解放自己，實現財富自由。而若是人人都像我們對賺錢有正確而清醒的認知，那麼社會的大齒輪也會運轉得更加通暢，國家也會更加繁榮。

經濟基礎決定上層建築，一個國家的繁榮和一個人的幸福一樣，只有錢不行，但沒有錢萬萬不行。國家要對千千萬萬的人民負責任，所以要努力讓社會運轉，去獲取利益，而我們要對自己負責任，對自己的能力負責任，對自己的人生負責任，對自己愛的人負責任，所以要努力去參與社會運轉，從宏觀到微觀，從大到小，同呼吸、共命運，共同實現富裕！

當然，說到這裡，可能有人問：「那人活著，是不是只要賺錢就好了？」從我個人的角度來看，只思考賺錢這件事，反而會讓你對社會和人觀察得更為細緻。我之所以喜歡經濟學，就是因為它不會說謊，它會誠實地告訴你一切，如果你有勇氣知道真相的話。所以，如果很多事情想不明白的話，不妨先放下，只在心裡裝下賺錢這件事——當然我們所說的賺錢都是透過價值創造利潤的正當賺錢方式，當你挖到自己的第一桶金時，你的認知也會有所提升，到那個時候，很多煩惱或者困惑，其實已經迎刃而解了。

財富自由並不難，難的是以自己喜歡的方式實現自己的價值，而金錢只是順便的事情。我整本書給大家所傳達的，也是這麼個道理。結果很重要，方式亦很重要。

富裕是一種美德，亦是一種責任。能夠看到本書的人，其實對自我是有一定的要求的，要善於挖掘自己的能力和價值，去勇於承擔起這份責任。雖然我們是普通人，但也可以擁有不普通的人生，首先要敢想，其次是敢做，最後才能真成功。

二、給得越多，回流越多

實現財富自由的必要一步，就是會花錢。在有錢人的認知中，將金錢花在這三個方面時，你花得越多，回流就越多。

善學者，學根本，是為勝；不善學者，學皮毛，必敗無疑也。學根本，也就是學他們的思維邏輯。在有錢人的認知中，有這麼一條：給得越多，回流越多。也就是說，磨刀不誤砍柴工，有些錢花出去是為了收回更多。

第一種：投資自己，讓自己成為更鋒利的刀

舉個例子，如果比爾·蓋茲從小出生在非洲一個窮苦人家家裡，從小忙著為生計奔波，根本沒有時間接受教育，那你說這個世界上還會有現在的比爾·蓋茲嗎？而如果把現在的比爾·蓋茲抓到非洲，仍然不給他一分錢，但相信很快比爾·蓋茲還是會成為比爾·蓋茲。為什麼呢？因為成年後的他大腦裡裝滿了智慧，他已經被訓練成了

一把鋒利的刀，而這把刀本身不以任何外在事物的變動而變化。

說白了，就是把錢花在自己身上，才是最安全的投資，一分錢一分收益，只要你夠鋒利，終究能實現財富自由。可惜這個道理很多人知道，但很少有人能做到。因為他們聽到這個的第一反應不是我如何去做，而是先反駁：我每天上班這麼累，哪裡還有精力學習啊？而且學習收益也太慢了，我現在就想一夜暴富。如果你也是這樣，那抱歉，財富自由或許真的與你無關。

路是一步一步走出來的，山是一階一階爬上去的，真正的財富自由必定需要時間的積累，而沒有耐心的人，終究成不了大事。如果你以前是這樣，現在想改變，那從現在開始，好好投資你的大腦，讓自己變得更聰明、更有力量。對於普通人來說，頭腦正是實現財富自由最大的本錢。知識匱乏的人，除非是一輩子依靠父母或者愛人，否則此生必窮。你可以看看周遭的人，他們終其一生為錢忙忙碌碌，看似勤奮努力，實則是透過表像的努力逃避了真正的奮鬥。

如果他們能看得更清楚一點，看得更長遠一些，就會知道他們最應該下功夫的，是自己的頭腦、自己的認知。都說人越長大越智慧，但其實並不是，大多數人活了一輩子仍然是渾渾噩噩，是非不分、好賴混淆，他們所依靠的都是自己有限的經驗，而非洞察世事的智慧。所以，對於投資自己頭腦的錢，一定要花，因為它是唯一時間帶不走、別人也帶不走的屬於你自己的財富。

在我上大學時，我的老師說過這麼一句話：「人一定要看得長遠，如果只顧看眼前，而沒有站在高處的視野，那麼他一輩子很難有翻身的機會。聰明的人懂得透過持久學習來升級認知，而庸俗的人，只懂得眼前的欒子。」畢業後，很多事我都忘了，很多話我也忘了，唯有這句話我時刻記在心裡。後來也正是因為這句話，我才有了今天的成就。

所以，如果你真心想實現財富自由，那麼一定要從投資自己的頭腦開始。可能一開始的堅持很難，但難本身就是一道篩選層，只有能堅持下來的，才能被命運選中，允許他掌握自己的命運。

第二種：孝敬父母，讓父母成為安心的後盾

對於父母，作家王小波這樣說：「人在年輕的時候，覺得到處都是人，別人的事就是你的事。到了中年以後，才覺得世界上除了家人已經一無所有了。」隨著年歲的增長，我的確已經開始有這樣的感受。在年輕的時候，我們總以為朋友越多越好，工作賺得越多越好，但隨著時間的沉澱，其實最珍貴的，仍然是家人，仍然是親情。因

為血緣，亦是時間帶不走的東西。

《菜根譚》裡有這麼一句話，「人有恩於我不可忘，而怨則不可不忘」。很多時候，我們總覺得自己連吃穿住行都緊巴巴的，根本沒有辦法孝順父母，或者父母總說自己不差錢，不用拿錢回家，但其實，孝心不在於多少，而在於心意。多少錢不重要，但是你願意給這件事很重要。在我的邏輯體系裡，孝順父母的錢是必須要花的。

我們在前面說過原生家庭的問題，很多人都將自己的貧窮怪罪於父母，但如果你仔細理清那篇的邏輯就會知道，父母也自有其社會侷限性，我們所應該要做的，是努力去理解他們為什麼會這麼做，繼而在這個基礎上，原諒他們，成全自己。有個電視劇叫《幸福一家人》，裡面有個兒子在工作後要和父親斷絕父子關係，原因僅僅是父親太沒有能力，不能夠在他的事業上拉他一把。在這位兒子的眼中，他考上醫學院、拿到獎學金，再從助理醫師升到主治醫師，全憑他自己的個人努力，與他的父親沒有任何關係。他也因此非常怨恨他的父親，要不是因為他只是一個賣麵的老闆，醫院裡那些不如他的人怎麼會升得比他還快？

而面對兒子的指責，善良一生的父親陷入了啞口無言的悲痛之中，他甚至流著眼淚向兒子道歉，是他沒有能力，是他讓孩子受委屈了。這一幕，真的是看哭無數觀眾。我看到這裡時十分唏噓，不禁想到那句話，其實這世間對父母抱有最大惡意的人，是他們的子女。大部分的父母都努力把最好的給了孩子，但可能孩子想要的更多，也可能孩子想要的根本不是這些，一份珍貴的心意在陰差陽錯中造成無法彌補的誤會。而這種誤會所帶來的惡意看似傷害的是父母，但其實它是一柄雙向利劍，同樣也會刺傷我們。

身在東亞社會，親情是我們無法剪斷的紐帶。既然剪不斷，那不如好好想想，如何才能將親情經營得更好，讓它成為自己的跳板。這種助力可以是金錢、資源、人脈，亦可以是精神。可以觀察一下，國內那些成功的大企業家，比如王永慶先生、郭台銘先生、高清愿先生、蔡宏圖先生……基本都是事親至孝。假想一下，如果你做的每件事，父母都非常認可，你是不是會有更大的動力去做？所以，為父母花錢也是一種精神力量的回流，它會透過另外一種方式來強壯你的力量，讓你在財富自由這條路上走得更加堅定。

第三種：學會回報，為自己種下一片森林

有一本非常有名的暢銷書，叫作《富爸爸窮爸爸》。這本書的作者羅伯特．清崎先生說，他的富爸爸堅信錢是要先付出才會有回報的，而他的窮爸爸說，等他有多餘

的錢了就一定會捐出來，而一輩子他都沒有多餘的錢。所以，在年輕時就最好養成習慣，無論多麼艱難都要留一些出來去幫助別人。

曾幾何時我和大家一樣，認為這是一個有錢人用來騙人的心靈雞湯。後來出於好奇，我去試了試，每個月定期為一個鄉村學校捐一百塊錢。錢並不多，一年下來才一千兩百塊，但很微妙的是，我的心情抑或是情緒發生了一些變化。當我再寫書寫不出來時，或者心情很低落時，每每想到自己已經有能力去幫助別人了，就會產生一種使命感和責任感，就會從內心生出一種動力，「原來我已經很厲害了，我還可以更厲害」。類似這樣的想法，支撐著我去堅持更多原本會放棄的時刻。

當然，這是這件事在我身上產生的影響，我無法保證每個人都會因為幫助別人而被激勵到，但我想，做好事其實就像是種樹，你並不知道哪一顆種子會發芽，亦不知道這些樹多久會長大，但你知道，它們總有一天會替你遮住風雨。很多人看書也好，學習思維認知也好，總希望別人給他一個明確的時間表，你今天這麼做，你明天就會怎麼樣，但其實根本不存在這樣的東西。

學習認知就像是習武，師傅領進門，修行在個人，它需要資質，也需要日復一日的努力。而且最開始時永遠是最枯燥的，因為那個時候你看不到自己的進步，沒有回饋很難讓人堅持下去，也因此淘汰了絕大多數人，最終只有那麼幾個人大徹大悟，修成正果。如果有人告訴你什麼東西能很快見到結果，你反而應該感到警惕，因為這是不符合邏輯的。慢是一種快，快亦是一種慢，這其中的玄妙值得我們大家來仔細琢磨。

現在我已經養成了每個月捐助的習慣，具體金額就不說了，但後來我找到一個公式，是說如果你有負債，可以捐出月收入的2%，比如你的月收入一萬元，2%就是兩百元；如果你沒有負債，可以捐出5%，同樣以月收入一萬元來算，就是五百元。如果你覺得太多，可以根據自己的經濟能力適當調整。不管別人怎麼看，我一直覺得助人與錢的多少無關，它是一種態度，既是在幫別人，其實也是在幫你自己。

有這麼一個寓言故事，是說有位農夫特別會種小麥，他的小麥品種每年都榮獲大獎，而每年他都非常慷慨地將自己的小麥種子免費送給其他農夫。有人很好奇，問他為什麼這麼大方？難道不怕別人種出來更好的種子嗎？農夫一笑，說：「我幫助他們其實也是在幫我自己。風吹著花粉四處飛散，如果鄰家播種的是次等的種子，那傳粉過程中，同樣也會影響我的小麥品質呀。我如果要種出更好的小麥，只能讓其他人也和我種得一樣好。」

一位農夫所想到的，很多高學歷的人卻想不到。生活中的絕大部分事情都不是零和博弈，互惠雙贏才是本質。從長久來看，凡是你傷害別人的，最終都會以某種形式傷害你自己；而凡是你幫助他人的，也最終會以某種形式救贖你自己。在這條漫漫的財富自由之路上，互惠共贏是非常重要的法則，將這條牢記於心，必將能幫助你走得更順利些。

人和動物一樣，要麼進化，要麼消亡。進化是宇宙中最強大的本能，也是唯一永恆的事情，它驅動著萬事萬物，而同樣進化從不是一個人的事，而是群體共同努力的方向。有時候，有些地方一個人走最好，但有些時候，有些地方，必須一群人才能走到底。所以，向那些智慧的人學習吧，學會未雨綢繆，在還沒有下雨的時候，為自己種下一顆種子，等待它長成一片森林！

三、運用好財富的價值，實現人生幸福

在很久以前，有一個非常有錢的財主。他是全鎮最有錢的人，有很多金銀財寶，也有很多文玩字畫。但他並沒有因為有錢而開心，反而整天都恐慌不安，時刻擔心著別人來搶奪他的家產。因為內心實在過於害怕，他先把文玩字畫給賣了，統統都換成金條，再把所有的金條都裝在箱子裡，然後趁著夜黑風高的時候，找了一個隱蔽的花園，挖了一個大坑，將箱子埋了進去。

儘管如此，這個財主他還是十分害怕，每天吃不好喝不好睡不好，總是擔心別人把他的箱子偷走。於是每天晚上睡覺前，他都會偷偷跑到花園裡，把箱子挖出來，將裡面的金條數一遍，確認沒問題後再放進去。日復一日，月復一月，終於引起了家中園丁的注意。於是趁著某天白日財主不在家，園丁將箱子挖開，同家裡的伙計一起偷走平分了。當天夜裡，當財主再打開箱子時，發現箱子裡的金條不見了，變成了一箱的石頭，他氣得號啕大哭，甚至生了一場大病，眼看要病死床榻時，來了一個遠遊道士。道士知道此事後，特地來到這個財主家中，說：「你的金條埋在花園裡，你每天不過

是數一數、摸一摸，若將石頭埋進箱中，你仍然可以數一數、摸一摸，有何可傷心的？」

道士的話有道理嗎？對於窮人沒有道理，對於財主，卻有幾分道理。錢財，說到底是為人服務的，而不是人為錢財所奴役，人是財富的主人，並非財富是人的主人。財富只有得到應用，才能體現它的價值。如果只是放在那裡，那金子與石頭，又有什麼分別呢？

俗話說，世人慌慌張張，不過圖碎銀幾兩。偏偏這碎銀幾兩，能平息世間萬種慌張。的確如此，面對疫情的黑天鵝，面對雲霄飛車似的生活，面對危機四伏的人生，不管是九九六、中年危機、裁員、降薪，還是車貸、房貸、生子、養老，我們的一切焦慮，總離不開錢。我想，沒有人能否認，錢在我們生活中的重要性。

認識財富、擁有財富、運用財富，讓財富幫助我們實現人生的幸福，這才是我們畢生的功課，也是本書的核心要義！

財富的真相

財富的真相，其實我們已經講了很多。但在此我想再問大家一個問題，衡量財富的標準是什麼？

舉個例子，假如現在有兩個人，A有一百萬的現金，B有五十萬的現金，並且從現在開始，他們都失去了繼續賺錢的能力，那麼A和B誰能更富有呢？

如果你選擇A，很可惜你仍然陷入了金錢陷阱。因為第一節時我們就說過，財富的衡量包括金錢，但永遠不限於金錢。如果我再補充其他細節，其實A在一線城市生活，他每年至少要花掉二十萬，一百萬也只能支援他五年生活而已；而B是小縣城的一名職員，每年只用五萬就夠了，那麼五十萬元可以支撐他花十年。那從這個角度來說，誰又更富有呢？

有的人賺錢雖然多，但消耗得也很快，每時每刻我們的財富都在變化，沒有時間維度做支撐，財富的定義並不夠完整。如果要給財富一個明確的標準，那絕對不是具體的數字金額，而是金錢所維持的生命長度。

永遠有人擁有財富，但沒有人永遠是財富的主人。財富是流動的，今日屬於我們的財富，或許明日便歸於他人之手。就像那些富豪榜，很多前些年還有名的富豪，在今年已經寂寂無名，這些都說明瞭財富的可變性。

不知道大家還記得浙江女首富周曉光嗎？二〇一七年時，她曾經以三百三十億元的身家在胡潤富豪榜排名前一百。曾幾何時，她的勵志故事還被改編為電視劇《雞毛飛上天》，一時流傳甚廣。然而就是這樣的一代女強人，不到兩年時間，其企業就向法院申請了破產，逾期未償還債務高達兩百多億元……還有曾經比海底撈還風光無限的連鎖火鍋品牌「譚魚頭」，當年員工上萬，資產近百億，線下門店遍佈全國，也已在二〇二〇年突然關閉，其創始人先後十多次被列為「失信被執行人」。

因此，艱難走到巔峰，獲取財富自由，但有時候風光只是一瞬間，一個錯誤的決定、一次欺騙、一場失敗、一次意外……都很有可能讓你多年辛苦得來的財富付諸東流，這便是財富的真相。

財富的價值

知道了財富的真相，我們便可以來學習，如何從財富的真相中去挖掘財富的價值，以此來讓財富充盈我們的人生。在關於財富的真相中，我選取了兩個對我個人幫助最大的，一個是降低期待值，一個是延遲滿足。財富既然是短暫的，那麼如果我們好好應用這兩個價值，一是可以盡可能長地延長我們的財富擁有時間，二是盡可能擴大財富對於我們生活的正向價值。

降低期待值

世界有名的投資公司波克夏．哈薩威公司的副主席查理．芒格，他無疑是這個世界上最聰明，也是投資最成功的人之一。在二〇二三年股東大會的講話上，九十九歲高齡的查理．芒格在應對投資者的提問時侃侃而談，從人工智慧 ChatGPT 再到全球通脹，從比亞迪到特斯拉、阿里巴巴等全球知名公司，從商業投資到如何提升人生幸福，他將自己近百年的人生智慧，毫不吝惜地分享給所有人。

在這其中，查理．芒格談到了關於實現幸福生活的祕訣，我覺得值得我們所有人好好學習。在這個人人鼓吹人必須夢想遠大、人必須追求成功的時代，查理．芒格卻說，「幸福生活的祕訣在於降低對生活的期望值！」

他說：「你當然要盡可能努力地一步一步向上，去爭取盡可能多的成就，這是成功的奧祕。但也因此有很多人陷入情緒的困境，畢竟每種成功的背後有著上千次的失敗。如果你做出了一些樂觀的承諾，結果卻一次又一次地失敗，那麼別人也會因此討厭你！我們這些小小的生命彼此相遇，人類文明對我們的要求本就不高，所以對自己和他人做出切合實際的期望！」

這一點我深有感觸。降低期望其實不只是在商業投資上，讓我們不要期望一次投資就帶來巨大的收益，也不要妄想一夜之間能夠透過什麼機會實現暴富，實現財富自由。其實，降低期望可以應用在生活的方方面面。在友情的交往上，我們應該對朋友少一些期望，不要期望他們有多麼優秀，也不要期望他們能夠為你帶來什麼利益，自己不過是一個普通人，有什麼資格去要求他人呢？在愛情的相處上，降低期待值同樣可以帶來更多的快樂。班傑明．富蘭克林說過這麼一句話：「結婚前一定要擦亮雙眼，結婚後則要睜一隻眼閉一隻眼。」情侶也好，夫妻也罷，很多問題往往都是因為對對方的要求太高，而對方又無法滿足你的要求，於是導致了一場場爭吵，最終走向分開。除了人與人的關係外，生活的其他方面也可以應用這個法則，比如減肥，如果我們一開始不會期待一兩天從一個胖子變成一道閃電，或許我們更容易堅持下去。

所以，試著從今天開始給自己建立第一個財富原則，對萬事萬物降低自己的期待值，看看幸福感會不會提高。

延遲滿足

與「降低期望值」同樣重要的是「延遲滿足」，這也是我認為保持人生幸福感非常重要的祕訣之一。

查理．芒格在股東大會上談話時，曾有人問他，什麼樣的特質對他幫助最大？查理．芒格的回答很簡單，是理性。他說得很有意思，如果你能忍住不發瘋的話，已經做得比全世界95%的人好了。此外，在理性的基礎上，你必須要有耐心，要學會延遲滿足，它們會幫助你盡可能地改善你的資源和機會。

關於延遲滿足，曾經有一個社會調查，調查者分給了一批小朋友一塊棉花糖，告訴他們如果忍住一個小時內不吃的話，會得到第二塊棉花糖。一個小時後，有三分之二的小朋友忍不住吃了，有三分之一的小朋友忍住了，也得到了第二塊棉花糖。後來他們又對這些小孩進行了跟蹤調查，發現當年忍住獲得第二塊棉花糖的人，在成年時更容易取得成功、所取得的成就也會更大。這便是延遲滿足的魅力。

我在本書開篇便說了，實現財富自由是一條人人都想做到，卻只有很少人才能做到的事。為什麼呢？因為它要完成太多反人性的事情，比如自律，比如堅持，比如學習，比如延遲滿足。你要想實現財富自由，就註定要成為少數人，就註定要經受得住這些常人容易放棄的困難。

就像股神巴菲特，有人問他：「為什麼那麼多人想變得有錢，但90%的人最後都做不到呢？」巴菲特笑著說：「原因很簡單，因為沒有人願意慢慢變富。」投資需要長期主義，透過長期價值來對沖風險，獲得超高收益，同樣，生活也需要長期主義。

就像讀書，讀一本書，什麼都無法帶給你，但讀一千本書、一千個小時的書，你的認知會告訴你它在變強；就像健身，運動一天，什麼效果都沒有，但運動一個月、一年，你的身體會告訴你它在變強……很多人可能也知道長期主義的價值，但卻無法堅持讓自己成為長期主義的信徒，因為他們總是著急，希望在今天種下的種子，明天就能收穫果實，希望今天少吃一碗米，明天就能變成大美女。這科學嗎？不科學。

延遲滿足說出來人人都知道，但重點不是你是否知道，而是你是否能夠堅持。我們既然決定要衝上財富自由的頂峰，就應該要有超越常人的意志力，學會自我控制、自我管理。不被眼前的利益所誘惑，學會用理性思考，用更長遠的目光去規劃未來，去獲取超越常人的收益！

四、讓財富世代相傳

任何事物都有兩面性，同樣，財富亦是一把雙刃劍。當我們透過自己的努力終於實現財富自由，本以為會解放自己的下一代，讓他們擁有更高的理想，實現更好的自我，卻未承想只有財富沒有傳承，財富反而成了吞噬他們的毒藥。從前幾年海南三亞所盛行的奢華派對「海天盛筵」，到新聞上層出不窮的富二代醉酒飆車事件，讓大眾對於有錢人家的孩子打上了吃喝玩樂的花花公子標籤。雖然這種看法以偏概全、有失公允，但在某種情況下亦體現了金錢對於家族後代的不當影響。

我們前面說過，金錢就像一把刀，它本身並無善惡之分，一切皆取決於用它的人。也因此，在早已實現財富自由的富豪們心中，如何讓財富世代相傳成了更重要的一個問題。前一段時間，六十八歲的碧桂園集團創始人楊國強宣佈全面退休，他的女兒楊惠妍則正式上任接手碧桂園的全部工作，成為名副其實的二代接班人。

對於楊國強，他選擇在女兒很小的時候，就帶著她參加公司各種的董事會，讓她從小瞭解公司運轉的邏輯、資金應用的情況、公司業務的發展等等，不僅是金錢上的富養，更是從小在她心中種下金錢的種子。錢不是從父親的口袋中變出來的，不是取之不盡用之不竭的，而是透過公司這個機器的運轉，透過各種生產資料的排列組合所賺取的。

不要忌諱和孩子談錢

那對於普通的人來說，該如何對孩子進行財富教育呢？很多人對孩子的教育，一般都是琴棋書畫、馬術游泳、字畫藝術、汽車球鞋、戶外運動等，都是從父母的愛好出發所衍生出來的言傳身教，很少有人會直接對孩子進行金錢教育，更不可能和孩子談錢。好像一旦和孩子談了錢，自己就變得特別俗，孩子也變得特別俗了一樣。但這樣本身就是對金錢有偏見，如果身為父母都這樣，如何讓孩子對錢養成健康的認知呢？

當然這個問題，不僅是在中國國內這樣，在國外同樣也是如此。國外一家有名的私人財富管理公司梅林曾經對美國六百五十個家庭做了一項調查，研究表明在擁有至少三百萬美元可投資資產的美國家庭中，有三分之二的人從未或者永遠不會和自己的孩子談論自己的財富。這其中的原因也很多樣：一部分家長認為，自己當初也沒有人教，但不也照樣學會了，自己的孩子最終肯定也能正確認識金錢；一部分家長則認為，孩子還小呢，還不應該去瞭解金錢這種東西的存在，他們現在應該好好學習、好好享受無憂無慮的青春時光；再剩下的家長，不是工作實在太忙，根本沒空和孩子交流，要不就是有時間，但不知道如何和孩子聊，索性不聊了；再還有一部分家長，認為家裡很有錢這種事不應該告訴孩子，應該讓他從小接觸普通人，有助於鍛練他的心性。

那份研究報告最終還揭示了一種家長，這部分家長他們有能力，也意識到了金錢教育的重要性，卻選擇不教給孩子。因為在他們潛意識中，想透過金錢來操控孩子。如果孩子很早就對金錢有了正確的理解，也意味著他更可能建立自己的獨立人格，擁有自己的獨立想法，也意味著對父母的反叛。而這部分控制欲強的家長，便選擇了在一開始便切斷這種可能性。

我在讀到這裡的時候，還是滿驚訝的，但仔細一想，我身邊倒多的是這樣的家長。他們最常掛在嘴邊的話是，「我這都是為了你好」，在這種「凡事都是為你好」的大旗之下，父母不斷對孩子施加自己的影響，其中便包括對於金錢的控制。但其實，這種蠻橫的控制只會潛移默化地影響自己的孩子，他們在未成年時姑且忍受，一旦長大後則會變得十分叛逆，走向與父母所期望的相反的方向。

我身邊有一個朋友，家境其實非常不錯，從小就去了國外讀書，一路讀到博士，回國後又成了名校教授，按理說是非常風光的。但他和父母的關係十分糟糕，在他讀博時，父母非要強制他回國，甚至不惜以斷絕金錢往來為要脅，他其實是個很溫和的人，那次應該是他第一次反抗父母，因為那是他非常喜歡的導師，也是他非常喜歡的方向，後來他就和父母斷絕了金錢關係，甚至畢業後他還在向父母償還自己的學費。其實他父母就他一個孩子，說句實在話，那些錢最終也會給他，但他父母就是死活要他回去。

所以，其實對於孩子的金錢教育，某種程度上是更健康的自我教育。因為在這個社會上生存，最離不開的便是金錢。金錢既然是生存的基本，在孩子小的時候就告訴他這個事實有什麼關係呢？只有大人心中對金錢存有偏見，才會讓孩子也對金錢產生不正的想法，讓孩子在未來很難建立健康的金錢觀念。

避開這些錯誤的金錢教育

作為父母對於孩子的期望，也就是希望他健健康康、衣食無憂。所以，從小培養孩子的財商，讓孩子學會賺錢、管錢、生錢，很大程度上他這輩子就不會過得太差。畢竟錢不能解決所有的煩惱，但能解決90％的煩惱，剩下的10％也可以因為錢變得沒那麼煩。

我曾經也和很多家長一樣，覺得財商教育沒必要，談錢會變得市儈，不希望孩子過早被社會所污染。但後來隨著年紀增長，我覺得並不是那麼一回事，金錢之於孩子，就像淤泥之於蓮花，蓮花能出淤泥而不染，並不是因為它逃避淤泥，而是因為它的根在泥中紮得結實。同樣，孩子對金錢瞭解得越透徹，反而越不容易受它影響。

在對孩子進行金錢教育時，切記避免這幾條常見卻錯誤的金錢教育方法：

1 千萬不要在孩子面前哭窮

很多家長總認為哭窮會讓孩子更懂金錢來之不易，變得更加節儉，但其實這是我們成年人一廂情願的想法罷了。在孩子面前哭窮，能不能讓他節儉效果未知，但更有可能讓他養成自卑的心理，在買東西或者考慮事情時，變得畏首畏尾。我本人就是這種教育的受害者，我的父母非常喜歡在我面前哭窮，這導致我現在思考任何事情前，第一條永遠是我有沒有錢、我能不能去做，這或許很務實，但也很大程度限制了我的想法。如果你常讀成功人士的傳記，你應該知道所有成功者都有一個共同點，那就是他們夠大膽，先敢想再敢做。如果你的孩子連想都不敢想，未來又何談做呢？

更何況，哭窮教育還有一個負面影響，就是會產生反作用，讓孩子對金錢更加渴望。這種渴望一旦在小時候養成，長大就很難改變，甚至會染上消費癮。

2 千萬不要過度滿足孩子的需求

這條與上條哭窮相反，有的家長可能是自己小時候窮慣了，對自己的孩子則採取寬容溺愛的方式。不管自己的能力如何，只要孩子喜歡的、想要的，就要千方百計滿足他們的需求。凡事要講究適度，這種過度滿足孩子的訴求，反而會讓孩子養成自大、傲慢、熱衷揮霍的性格。在他們看來，凡是這個世界上存在的好東西，都應該屬於他們。如果不屬於他們，那便是父母無能，或者是這個世界出了問題，很容易產生報復社會等負面的心理影響。所以，家長千萬不要因為愛而過度寵溺孩子，切記，凡事要講究度的平衡。

3 在透過勞動交換零用錢時，要正確引導

現在在很多家長的財富教育中，透過做家務、洗碗、洗衣服等勞動來換取零用錢的方式越來越流行。我一開始也覺得這樣的想法很好，但直到我去年去了一個朋友的

家裡。他們家小孩平常就透過打掃清潔來賺錢的，但是非常有意思的是，他們家小孩會故意把地上弄髒，然後再去打掃以獲取金錢。我那天在他們家只待了兩三個小時，他們家地上灑了兩杯果汁、倒了一壺茶水，每次孩子都特別積極地打掃，他媽媽還非常高興，不停跟我誇讚。但我其實看見了，都是孩子自己搞的……

或許這種小心思在當下都是小事，但難免長大後不會有負面影響。這種過度強調透過勞動來換取金錢的手段，或許也會讓孩子變得很功利，讓自己和父母的關係變成一種利益交換的方式，就好像媽媽給他零花錢不是因為愛他，而是因為他的勞動，這是理所應當的一種方式。當然，這只是我的一個小小的觀察，藉以提醒家長。

其實，財富的傳承，不僅是把金錢傳承下來，更重要的是培養守護財富的能力。而這種能力，是需要父母們對孩子從小進行培養的。不要逃避自己的責任，也不要過於擔心孩子的接受能力，坦誠地和他們進行交流，我想他們一定能像蓮花一樣，從淤泥中開出清香的花。

高寶書版集團
gobooks.com.tw

RI 392
財富的底層邏輯：六條經典法則，挖掘致富本質

作　　者　周路平
責任編輯　吳珮旻
封面設計　林政嘉
內頁排版　賴姵均
企　　劃　陳玟璇
版　　權　張莎凌

發 行 人　朱凱蕾
出　　版　英屬維京群島商高寶國際有限公司台灣分公司
　　　　　Global Group Holdings, Ltd.
地　　址　台北市內湖區洲子街 88 號 3 樓
網　　址　gobooks.com.tw
電　　話　（02）27992788
電　　郵　readers@gobooks.com.tw（讀者服務部）
傳　　真　出版部（02）27990909　行銷部（02）27993088
郵政劃撥　19394552
戶　　名　英屬維京群島商高寶國際有限公司台灣分公司
發　　行　英屬維京群島商高寶國際有限公司台灣分公司
法律顧問　永然聯合法律事務所
初版日期　2024 年 11 月

國家圖書館出版品預行編目（CIP）資料

財富的底層邏輯：六條經典法則，挖掘致富本質 / 周路平著 . -- 初版 . -- 臺北市：英屬維京群島商高寶國際有限公司臺灣分公司，2024.11
　面；　公分

ISBN 978-626-402-118-0(平裝)

1.CST: 理財 2.CST: 成功法

563　　113015837

GOBOOKS
& SITAK
GROUP©